HÄDECKE

Weiberwirtschaften Baden-Württemberg

Refugien für Leib und Seele

30 Wirtinnen und ihre Lieblingsrezepte

Text und Fotos Regula Wolf
Idee, Konzeption und Realisation
Ria Lottermoser

8 1 Echt Schwarzwald
Stephanie Kleber im Gasthaus Adler in Glottertal

14 2 Die Burgherrin bittet zum Rittermahl
Roswitha Walter auf Burg Katzenstein in Dischingen-Katzenstein

20 3 Unter dem weiten Himmel
Stefanie Kind im Dialekt, Café, Restaurant, Bar in Merdingen

26 4 Suppen satt
Ludevina Milhanas-Modispacher im DiVina's Café in Freiburg im Breisgau

32 5 Mit Stil und Charme
Dr. Caroline von Kretschmann im Hotel Europäischer Hof in Heidelberg

38 6 Vorhang auf!
Hanna Sanner im Kulturcafé Fräulin in Zell im Wiesental

44 7 Für Gesprächsstoff ist gesorgt
Barbara Lasotta und Inge Schachtsiek-Feyerabend im Restaurant Friedrich, Weinstube Feyerabend in Bad Wimpfen

50 8 Mit Leidenschaft am Herd
Harriet Deris in der Genuss Akademie Gaggenau in Gaggenau

54 9 Wo der Schwarzwald am schönsten ist
Die LandFrauenWirtschaft: Walburga Rombach, Bettina Gronewold und die Landfrauen im Café Goldene Krone in St. Märgen

60 10 Vom Glück anzukommen
Nadine Rieger im Landhotel Grüner Baum in Badenweiler-Sehringen

66 11 Für ein Lächeln
Michaela Wanner in der Kleinigkeit – Essen und Trinken in Stuttgart

72 12 Lernen und genießen
Sonja Lenz im Kultweine-Kochwelten-Kunststücke in Stuttgart-Hedelfingen

76 13 Echte Ladies
Jennifer Honnef und Nicole Olma im The Ladies Diner in Esslingen-Zell

82 14 Oase der Ruhe und Erholung
Ingeborg Heinzelmann-Schillinger im Sport- und Wellnesshotel Lauterbad in Lauterbad

86 15 Die Wirtschaft im Wohnzimmer
Isolde Pfaff im Gasthaus Löwen Altheim in Frickingen-Altheim

92 16 Auf historischem Grund
Reinhilde und Barbara Lutz im Weingut und Gästehaus Lutz in Oberderdingen

96 17 Wildes aus der Umgebung
Regina Müller im Ferienhof Marina in Dörzbach-Laibach

102 18 Schnelle Köstlichkeiten
Pia Nowotny im Martha's in Stuttgart

108 19 Bienvenue!
Anita Jollit im Hotel Restaurant Zum Ochsen in Karlsruhe-Durlach

112 20 Das fröhliche Trio
Alexandra, Annette und Christine Reck in
Reck's Hotel Restaurant in Salem

118 21 Genuss an der Koppel
Rosemarie und Sarah-Katharina Reiter in
Reiters Restaurant in Iffezheim

124 22 Aus Liebe zu den Gästen
Inge Tress im Rose Biohotel-Restaurant in Hayingen-Ehestetten

128 23 Weibliche Strahlkraft
Tina Rübenacker in Rübenacker's Restaurant in Keltern-Dietlingen

134 24 Ein wirklich frischer Fang
Claudia und Priska Maurer in s'Dirlis Fischerstube
in Rheinhausen-Oberhausen

140 25 Im Tortenparadies
Ulrike Köhler im Café Sahnehäubchen in Wertheim/Main

146 26 Herzlich willkommen in der Stube!
Sandra Schäck in Schäck's Adler in Elzach-Oberprechtal

152 27 Gastgeben mit Esprit
Alexandra Wekerle im Gasthaus Schwanen in Stühlingen-Schwaningen

158 28 Die Mama-San von Tübingen
Sabine Koschorrek im Café & Restaurant Tatami in Tübingen-Derendingen

162 29 Café à la mode
Martina Vogl im Das Voglhaus Café und Kaufhaus in Konstanz

168 30 Walnussgeist, Wein und Speis
Margot und Stefanie Weber im Weingut und Restaurant Weber in Ettenheim

174 Anhang

1 Gasthaus Adler in Glottertal
2 Burg Katzenstein in Dischingen-Katzenstein
3 Dialekt, Café, Restaurant, Bar in Merdingen
4 DiVina's Café in Freiburg im Breisgau
5 Hotel Europäischer Hof in Heidelberg
6 Kulturcafé Fräulin in Zell im Wiesental
7 Restaurant Friedrich, Weinstube Feyerabend in Bad Wimpfen
8 Genuss Akademie Gaggenau in Gaggenau
9 Café Goldene Krone in St. Märgen
10 Landhotel Grüner Baum in Badenweiler-Sehringen
11 Kleinigkeit in Stuttgart
12 Kultweine-Kochwelten-Kunststücke in Stuttgart-Hedelfingen
13 The Ladies Diner in Esslingen-Zell
14 Hotel Lauterbad in Freudenstadt-Lauterbad
15 Gasthaus Löwen Altheim in Frickingen-Altheim
16 Weingut Lutz in Oberderdingen
17 Ferienhof Marina in Dörzbach-Laibach
18 Martha's in Stuttgart
19 Hotel Restaurant Zum Ochsen in Karlsruhe-Durlach
20 Reck's Hotel Restaurant in Salem
21 Reiters Restaurant in Iffezheim
22 Rose Biohotel-Restaurant in Hayingen-Ehestetten
23 Rübenacker's Restaurant in Keltern-Dietlingen
24 s'Dirlis Fischerstube in Rheinhausen-Oberhausen
25 Café Sahnehäubchen in Wertheim/Main
26 Schäck's Adler in Elzach-Oberprechtal
27 Gasthaus Schwanen in Stühlingen-Schwaningen
28 Café & Restaurant Tatami in Tübingen-Derendingen
29 Das Voglhaus in Konstanz
30 Weingut und Restaurant Weber in Ettenheim

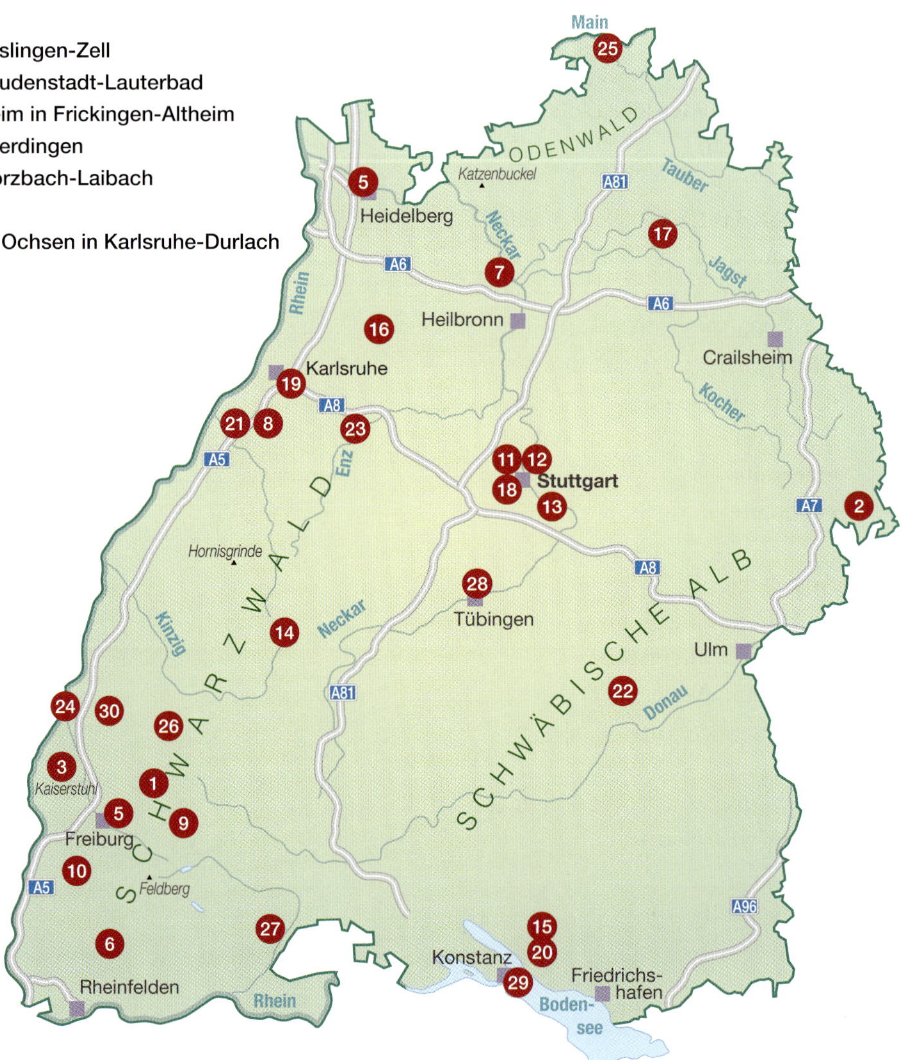

Auf Genussreise im Ländle

Weibliche kulinarische Domänen zwischen Bodensee, Rhein, Main und Tauber

Herz und Verstand, Leidenschaft und der Wille, für die Zufriedenheit der Gäste zu sorgen, zeichnet die Frauen aus, die ihre ganze Arbeitskraft der Gastronomie widmen. Ihre Lebenswege sind unterschiedlich, sie sind vielschichtig, spannend. Und doch eint die »Weiber« im Genussland Baden-Württemberg etwas Entscheidendes: Für die Menschen, die bei ihnen einkehren, da zu sein, macht sie glücklich.

So groß das Ländle ist, so vielfältig sind die Landschaften, die Einfluss auf die Küche nehmen, die Traditionen und damit die gastronomischen Konzepte, denen ich auf meiner Entdeckungsreise durch Baden und Schwaben begegnet bin. Allen Wirtinnen und Köchinnen gemeinsam sind Sorgfalt, ein großer Reichtum an Ideen und das Wissen um die Zusammenhänge von gutem Essen, wohliger Atmosphäre und aufmerksamer Betreuung. Sie bewahren einerseits Althergebrachtes und setzen andererseits zukunftsgerichtete Akzente.

Aus Platzgründen finden Sie hier nur 30 Adressen, jede Adresse aber lohnt einen Umweg. Vergewissern Sie sich vor der Anreise, dass die Öffnungszeiten noch stimmen. Rufen Sie gegebenenfalls vorher an, und lassen Sie sich einen Tisch reservieren. Dann heißt es uneingeschränkt: Genuss pur.

Das wünsche ich Ihnen beim Lesen und beim Entdecken vieler Weiberwirtschaften in Baden-Württemberg.

Regula Wolf

1

Echt Schwarzwald

**Stephanie Kleber
im Gasthaus Adler in Glottertal**

Adresse
Gasthaus Adler
Talstraße 11
79286 Glottertal
Telefon +49 (0) 7684 9 08 70
info@adler-glottertal.de
www.adler-glottertal.de

Öffnungszeiten
Täglich 9–24 Uhr;
Di nach dem Frühstück
bis 17 Uhr geschlossen

Anfahrt
A 5 Ausfahrt Freiburg-Nord, Richtung Denzlingen. Rechts auf die L112 abbiegen Richtung Glottertal. Der Adler befindet sich in Unterglottertal links an der Straße.

Der Adler ist eine Art Sehnsuchtsort für Gäste, die genug haben von unpersönlichen Gaststätten. Hier wirkt Stephanie Kleber jahrein, jahraus an jedem Tag, den der liebe Gott werden lässt, für das Wohl ihrer Gäste. Und freut sich immer noch jeden Tag darüber.

Im Adler ticken die Uhren etwas anders. Das stattliche Gasthaus aus dem Jahr 1883 steht mitten im Ortsteil Unterglottertal des durch die Fernsehserie »Die Schwarzwaldklinik« weit über die Landesgrenzen hinaus bekannt gewordenen Orts. Die vielen original Schwarzwalduhren mit den handbemalten Zifferblättern in allen drei Adler-Stuben geben vor, wie die Zeit zu vergehen hat: gemächlich, dabei immer mit einem sehnsüchtigen Blick zurück und ohne sinnlos nach vorne zu hetzen. Den zarten Duft von Holzfeuer, der die alten Stuben durchweht, verströmen die alten Kachelöfen. Holztäfelung, Stühle, auf denen schon viele Generationen Platz genommen haben, Porträts von Lokalgrößen, in Öl gemalt, und in die Wände eingelassene Ofentüren zeugen vom Sinn der Wirtin für Tradition. Schwarzwälder Tradition.

Stephanie Kleber stammt aus dem schwäbischen Bad Saulgau und ist Hotelierstochter. Seit sie im Januar 1983 den Adler gekauft hat und seither stolz mit »Adler-Wirtin« unterschreibt, hat sie sich des Alemannischen angenommen und sich förmlich dem Bewahren der Schwarzwälder Gastlichkeit verschrieben. Die leidenschaftliche Köchin, die gelernte Hotelfachfrau ist und die Hotelfachschule in Luzern besuchte, ist der Inbegriff einer Wirtin. »Etwas Schöneres kann ich mir nicht vorstellen«, sagt sie.

Sie hat ausschließlich Mitarbeiter, die schon jahrelang im Adler sind – nach dem Motto: Im Adler bleibt man, da hat man's gut. Stephanie Kleber schreibt auf die Speisekarte, was sie selber gerne zubereitet und auch über eine ausreichende Tradition verfügt:

Der stolze Adler wacht über Stephanie Klebers altehrwürdiges Gasthaus.

Gerne setzen sich die Gäste an die elegant gedeckten Tische und genießen es, hier mit regional-saisonaler Küche verwöhnt zu werden.

Bettseicher (Löwenzahn) mit Kalbsbriesle, Sunnewirbelisalat, Schneckenpfännle, Zwiebelroschtbrate, Mischtkratzerle, Kruttstumpe an're kremige Soß' mit Dummis (Kratzete), Adlerwirtins Kirschwasserbömble …

Zubereitet werden die Speisen von der Küchenmannschaft. Der Küchenchef Thomas Quennet hat schon im Adler gelernt, sein Souschef ist seit 38 Jahren da. »Ich bin meinen Leuten gegenüber fair«, sagt Stephanie Kleber, und die danken es mit Treue. Aus der Adler-Küche, die sie damals als junge Mutter zweier Mädchen neu installiert hat, kommen vor allem heimische Gerichte, solche, die sich aus Wild aus heimischer Jagd zubereiten lassen oder von Fleisch und Gemüse der Bauern im Glottertal. »Wir leben auf einem gottgesegneten Stück Erde«, sagt dankbar die Adler-Wirtin und nutzt den Umstand, dass hier fast alles wächst und gedeiht, für ihre Gäste. Gekonnt tranchiert sie am Tisch nach alter Schule Gänse, Rehrücken und Fische. Tellerservice ist ihr eher suspekt. Dazu kredenzt sie gerne Weine aus dem Glottertal oder ein Schnäpschen aus der hauseigenen Brennerei.

Die Wirtin ist aber auch offen für Trends. So lockt zum Beispiel ein schönes Gärtchen zum sommerlichen Grillvergnügen. Die Gästezimmer sind stets auf dem neuesten baulichen Stand, allerdings ohne dabei die Tradition zu verleugnen. Und sie nimmt jegliche Anregung ernst und lässt sie in ihre Arbeit einfließen. Selbst-

verständlich ist sie mit von der Partie, wenn Glottertaler Wirte sich zum »Gastlichen Glottertal« vereinen und drei Übernachtungen mit »grenzenloser Halbpension« anbieten, was bedeutet, dass die Gäste wählen können, in welchem Haus sie essen möchten. Sie machen auch gemeinsam Werbung, zum Beispiel für das originelle »Esse – schwätze – zämmesitze«, das immer freitags um 12 Uhr jeweils bei einem anderen Wirt stattfindet. Selbstredend gibt es im Adler einen Seminarraum und ein gemütliches Zimmer, das die Wirtin kurzerhand zum Fumoir erklärt hat.

Sieben Tage die Woche ist die Adler-Wirtin für ihre Gäste da. Viele sind Stammgäste und haben eine weite Anreise hinter sich. Kein Wunder, dass sie immer wieder in den Adler kommen, locken doch Stephanie Kleber und ihre Mitarbeitenden mit so schönen Ideen wie den Alemannischen Wochen vor und während der Fasnet. Oder mit einer Maibowle zum 1. Mai. »Ein paar Liter davon brauchen wir dann schon«, erzählt sie schmunzelnd. Auch Studenten gegenüber ist die Adler-Küche großzügig – sie erhalten ein »Studentenschnitzel«, das reicht von Tellerrand zu Tellerrand. Stephanie Kleber freut sich, dass der Adler auch für viele junge Gäste ein geliebter Einkehrort ist. Absolut zeitlos quasi.

Ausflugstipp: Vogtsbauernhof

Von März bis November kann man viel authentischen Schwarzwald hautnah erleben, wenn man das Freilichtmuseum Vogtsbauernhof in Gutach besucht. Historische Bauernhöfe, Nebengebäude wie Mühlen, Sägen, Kapellen sowie Gärten, Felder und Tiere vermitteln direkt und ungeschminkt 400 Jahre Schwarzwald. In Themenausstellungen werden Handwerk, Tradition und Leben anschaulich gemacht, Sonderausstellungen widmen sich vertieft unterschiedlichen Themen. Das Museum steht inmitten der fantastischen Natur des südlichen Schwarzwalds.
Informationen: www.vogtsbauernhof.de

Behaglich sitzt man in der vollständig im Original erhaltenen holzgetäfelten Schwarzwaldstube – besonders im Winter, wenn die alten Kachelöfen wohlige Wärme verströmen.

Badisches Schneckenpfännle

Für 4 Personen

1 Schalotte | 20 g Kräuterbutter | 2 Tomaten, enthäutet und in Würfel geschnitten | 5 g Petersilie, fein gehackt | 2 Knoblauchzehen, fein gehackt | 30 g Pilze, in Scheiben geschnitten | 12 halbierte Schnecken | Salz | schwarzer Pfeffer aus der Mühle | 10 ml Rotwein | 2 EL Bratensauce

Außerdem: Weißbrot oder Ciabatta

■ Die Schalotte schälen und fein hacken. Die Kräuterbutter in einer Pfanne zerlassen und die Schalotten glasig anschwitzen. Tomaten, Petersilie, Knoblauch, Pilze und Schnecken dazugeben und mitdünsten.

■ Mit Salz und Pfeffer würzen und mit dem Rotwein ablöschen. Die Bratensauce dazugeben und durchziehen lassen.

■ In kleinen Pfännchen mit Weißbrot oder Ciabatta servieren.

Rehrücken mit Schmorwirsing und Knöpfle

Für 2 Personen
Für den Rehrücken: 300 g parierter Rehrücken | 100 g Haselnussmehl | 40 g Butter | 20 ml Sonnenblumenöl | Salz | schwarzer Pfeffer aus der Mühle
Für die Sauce: 100 ml Spätburgunder | 50 g Schalotten, fein gehackt | 200 ml Rehjus | 1 TL Speisestärke
Für das Gemüse: 250 g Wirsing | 40 g Butter | 20 g Schalotten, fein gehackt | 100 ml Wasser
Für die Knöpfle: 100 g Mehl Type 405 | 2 Eier | frisch geriebene Muskatnuss | 1 EL Butter | 1 EL Semmelbrösel

- Den Backofen auf 160 °C vorheizen.
- Den Rehrücken in dem Haselnussmehl wenden. Die Butter und das Sonnenblumenöl erhitzen und den Rehrücken anbraten. Anschließend im heißen Ofen 20 Minuten garen. Beiseitestellen und mit Salz und Pfeffer würzen. Danach warm halten.
- Für die Sauce den Spätburgunder mit den Schalotten reduzieren. Mit der Rehjus auffüllen und der mit kaltem Wasser angerührten Speisestärke binden.
- Den Wirsing putzen und die Blätter waschen, danach in schmale Streifen schneiden.
- Die Butter in einem Topf zerlassen und die Schalotten glasig anschwitzen. Die Wirsingstreifen und das Wasser hinzufügen und das Gemüse weich dünsten.
- Für die Knöpfle das Mehl und die Eier vermengen und schlagen, bis der Teig Blasen wirft. Mit Muskat würzen. Reichlich Salzwasser zum Kochen bringen und den Teig in den Topf reiben oder von Hand schaben. Die Knöpfle herausnehmen, sobald sie an die Oberfläche steigen. Die Butter in einer Pfanne zerlassen und die Semmelbrösel anschwitzen. Mit den Knöpfle vermengen.

2

Die Burgherrin bittet zum Rittermahl

Roswitha Walter
auf Burg Katzenstein in Dischingen-Katzenstein

Katzenstein ist die älteste vollständig erhaltene Stauferburg Süddeutschlands. Roswitha Walter wirkt hier mit Energie, Esprit und Witz. Sie verwöhnt ihre Gäste nicht nur mit schwäbischen Spezialitäten oder einem Rittermahl. Sie erzählt auch gerne Geschichten, und man kann bei ihr für eine Nacht selber zum Burgbewohner werden.

Auf einem Felsen über dem nach ihr benannten Ortsteil Dischingens und nahe dem »Frankensträßle«, der Römerstraße von Faimingen nach Oberdorf bei Bopfingen, thront die Höhenburg Katzenstein. Der Kiesweg führt durchs riesige Burgtor in den idyllischen Hof mit Bergfried (Turm), Palas (Brunnenhaus) und dem Wohngebäude. Erstmals erwähnt wird Katzenstein im Jahr 777. Die Sage berichtet, dass der Erbauer des Klosters Neresheim, Herzog Tassilo von Bayern, hier durch den Wendenkönigssohn Chakaz, der als Knappe bei ihm Dienst tat, einen Turm errichten ließ. 1153 bis Mitte des 13. Jahrhunderts wird die Burg als Sitz der Herren von Katzenstein, Lehensleute der Dillinger Grafen, geführt. 1737 forschte ein Kapuzinerpater namens Guido im Schloss vier Wochen lang nach den angeblich hier vergrabenen zwölf mit Gold und Edelsteinen gefüllten Truhen. Der böse Burggeist Baldrian, der auf den Schatz aufpasst, fiel über den Störenfried her und zerzauste ihn von Kopf bis Fuß.

Heute wacht das Schlossgespenst Baldrian immer noch über Schatz und Burg. Weil es schon etwas älter ist, hat es von der Schlossherrin, der Wirtin und Köchin Roswitha Walter, ein Fahrrad bekommen. Auf dem sitzt es jetzt und jagt freche Truhenräuber vom Felsen und den Kindern, die eine Führung durch Katzenstein bekommen, einen Schauer über den Rücken.

Adresse
Burg Katzenstein
89561 Dischingen-Katzenstein
Telefon +49 (0) 7326 91 96 56
info@burgkatzenstein.de
www.burgkatzenstein.de

Öffnungszeiten
1.3. bis 31.12. täglich 10–19 Uhr; für Gruppen ab 25 Personen (nach Absprache) nach 19 Uhr; Museum bis 18 Uhr
Januar Fr–So 10–19 Uhr

Anfahrt
Von Ulm: A 7 bis Ausfahrt Heidenheim, dann über Nattheim, Fleinheim und Dischingen nach Katzenstein. Von Augsburg über Donauwörth nach Bissingen und Diemantstein, dann links, Richtung Amerdingen, Egglingen und Dunstelkingen bis Katzenstein.

Vor dem Burgtor und dem ehemaligen Burggraben weist die Stele den Gästen den Weg zur Burg.

Blick vom Bergfried auf den Innenhof von Katzenstein (oben). Im Brunnenhaus, dem Palas, finden regelmäßig Rittermahle statt.

Als Roswitha Walter auf Drängen ihres Mannes die Burg am Katzensteiner Bach an einem nebligen Novembertag das erste Mal besuchte, packte auch sie der Schauder. »Niemals«, sagte sie seinerzeit, »will ich hier bleiben.« In der teilweise zur Ruine zerfallenen und komplett eingewachsenen Burg standen noch ein paar Kulissen eines Filmteams herum. Im Innern sah es nicht ganz so schlimm aus, wiewohl die Burg nach wie vor in jeder Hinsicht heute noch laufende Instandhaltungen mit höchsten Ansprüchen benötigt. Erbaut ist die Burg aus Suevit, dem Schwabenstein, einem Impaktgestein aus dem Einschlagskrater des Nördlinger Rieses.

Die Eheleute Walter sind gastronomische Quereinsteiger, die sich 1980 selbstständig gemacht haben. »Einer von uns beiden muss kochen; ich sicher nicht«, sagte damals Michael Nomidis-Walter. Damit war die Rollenteilung klar. Im Laufe der folgenden 15 Jahre entstand aus einer Dorfgastwirtschaft ein Landgasthof, obgleich die karstige Gegend nicht unbedingt scharenweise von Touristen angesteuert wird. »Ich bin eine echte Schwäbin«, sagt Roswitha Walter, »ich dachte, wenn es mir hier so gut gefällt, dann gefällt es sicher anderen auch.« Diese positive Einstellung und ein Füllhorn voller Ideen waren die Grundlage einer Erfolgsgeschichte. Das Hotel mit seinen 15 Zimmern zählt heute 2000 Übernachtungen im Jahr.

15 Jahre später, inzwischen waren die Kinder Sarah und Michael geboren, suchte die Familie Walter eine Veränderung. Sie fand sie auf Schloss Baldern, der Schwesterburg von Katzenstein in Bopfingen. Der Fürst von Oettingen-Wallerstein suchte Pächter für seine Gastronomie. Roswitha Walter wurde kurzerhand für die nächsten zehn Jahre Schlossköchin, ihr Mann Schlossverwalter.

Ihr gastronomisches Konzept war erfolgreich. Dennoch waren es die Eheleute irgendwann leid, nicht alle Entscheidungen selber treffen zu können. Was lag demnach näher, als mit neuen Ideen auf die nächste Burg zu ziehen?

Die um das Jahr 1000 errichtete Burgkapelle zum hl. Laurentius birgt wundervolle Fresken aus der Übergangszeit von der Spätromanik zur Frühgotik.

Katzenstein stand zum Verkauf. Drei Jahre nach ihrem Einzug und nach vielen Investitionen und Renovierungen – die Kinder waren mittlerweile ausgeflogen – kauften sie die Burg.

Michael Nomidis-Walter, schon immer an Geschichte interessiert, übernahm den Museumsbereich und die Gestaltung der Burgführungen. Seine Frau lässt für die Gäste das »Rittermahl« in der Brunnenstube des »Palas« wiederaufleben. Der Anfang war jedoch hart. Es gab nur eine Toilette, einen Stromanschluss gleich gar nicht. Dazu waren das Dach undicht und die Räume zugig. Der Rittersaal war eine Brandruine.

Von alldem ist heute nichts mehr zu spüren oder zu sehen. Als jüngste Baumaßnahme bekam die Burg 2013 ihre Außenmauer zurück. Sie wurde von Spezialisten aus den Quadersteinen der ehemaligen Zehntscheuer rekonstruiert. »Wir arbeiten in solchen Angelegenheiten gerne mit dem Denkmalamt zusammen. Wir profitieren vom Wissen, und für die Erhaltung der Burg gibt es Zuschüsse«, erzählt Roswitha Walter. Im Innern der Burg können sie nach eigenem Gusto schalten und walten. Das Burgmuseum und der Shop, von Michael Nomidis-Walter kenntnisreich zusammengestellt und seit 2013 von einem Museumspädagogen betreut, gehören dazu. Die Fremdenzimmer sind in den Wohnteil der Burg eingebaut. Barbecues, Burgfeste sowie Mittelalter- und Künstlermärkte locken Gäste auf die Burg. Daher sind für die entschlussfreudige Wirtin 16-Stunden-Tage oftmals gang und gäbe.

»Doch man darf sich nicht vorstellen«, sagt Roswitha Walter, »dass dies alles so ganz allein läuft!« Eine gehörige Portion Marketing ist erforderlich. Da kommt der Burgherrin zugute, dass sie als jüngstes von sieben Kindern eines Dorfschreiners im Schwäbischen aufgewachsen ist. Sonntags schickte der Vater sie mit den Rechnungen zum Geldeintreiben zu den Kunden. Deren Marotten hatte sich der schlaue Mann in ein Büchlein geschrieben und der Tochter jeweils davon erzählt, bevor sie loszog. Seit sie nun in der Gastronomie arbeitet, schrieb sich die stets planmäßig agierende Frau die Kontaktdaten ihrer Gäste auf und hält die Kartei auf dem Laufenden. Jeder Gast erhält nicht nur Grüße zum Geburtstag, sondern in regelmäßigen Abständen Informationen über die Aktivitäten auf der Burg – ganz modern per E-Mail. Das nennt man Kundenbindung. Tourismus- und Verbrauchermessen bieten dem Ehepaar Walter zudem Gelegenheit, die Burg Katzenstein und ihre Angebote anzupreisen.

In der romanischen Burgkapelle, um das Jahr 1000 dem heiligen Laurentius geweiht, fanden die Restauratoren unter drei Schichten Bemalung und einer dicken Tünche die hervorragend konservierten ursprünglichen romanischen Fresken. Heute wird in der Kapelle wieder geheiratet – und anschließend auf der Burg tüchtig gefeiert.

Ausflugstipp: Auf den Spuren der Römer
Noch tiefer in die Geschichte eintauchen kann man im Limes-Museum in Aalen. Hier sind Artefakte aus der römischen Besatzungszeit entlang der obergermanischen Grenzanlage des Imperium Romanum ausgestellt. Wellnessfreunden sei ein Aufenthalt in den Limes-Thermen empfohlen. Themenführungen bieten die fachlich geprüften »Limes-Cicerones« an verschiedenen Stellen des Weltkulturerbes an.
Informationen: www.museen-aalen.de, www.limes-thermen.de, www.limes-cicerones.de

Lachs aus dem Smoker mit Senf-Dill-Sauce

Für 4 Personen
Für den Lachs: 500 g Lachsfilet mit Haut | 4 EL Olivenöl | schwarzer Pfeffer aus der Mühle | 10 Zitronengrasstängel | Saft 1 Zitrone
Für die Senf-Dill-Sauce: 1 Bund Dill | 2 EL milder Senf | 1 TL Dijon-Senf | 2–3 EL Zucker | 4 EL Weinbrandessig | Salz | 200 ml Olivenöl

■ Die Haut der Lachsfilets abziehen (vorzugsweise mit einem Küchentuch) und eventuell vorhandene Gräten mit einer Pinzette entfernen. Die Lachsfilets leicht mit dem Olivenöl bestreichen und mit dem Pfeffer würzen.
■ Das Zitronengras waschen und die äußeren, trockenen Blätter entfernen. Die Stängel leicht andrücken oder mit einem Fleischklopfer breit klopfen und auf ein Holzbrett oder Alufolie legen.

Den Lachs darauflegen und mit Zitronensaft beträufeln. Anschließend auf die Gitterroste im Smoker legen.

■ Für die Sauce die Dillzweige waschen und trocken schütteln. Den Dill von den Zweigen zupfen und fein hacken.

■ Senf, Zucker und Essig mit einer Prise Salz verrühren und langsam das Olivenöl unterrühren, bis die Sauce die gewünschte Konsistenz hat. Anschließend den Dill unterziehen.

■ Die Temperatur des Smoker sollte 120 °C betragen. Zubereitungszeit: ca. 1½ Stunden.

Honigparfait auf Himbeerspiegel

Für 6 Personen
Für das Parfait: 2 Eigelb | 1 Ei | 150 g Zucker | 100 g Honig | 500 g Sahne, geschlagen | 100 g Meringen
Für den Himbeerspiegel: 40 g Himbeermark

■ Eigelbe, Ei und Zucker in einer Schüssel im Wasserbad schaumig rühren. Den Honig unterziehen. Die Schüssel aus dem Wasserbad nehmen und die Sahne sowie die zerkrümelten Meringen unterheben. Das Ganze in sechs kleine Förmchen geben und 8 Stunden in das Gefrierfach stellen.

■ Zum Anrichten das Parfait aus den Förmchen lösen. Das Himbeermark als Spiegel auf den Teller geben und das Parfait in die Mitte setzen.

3

Unter dem weiten Himmel

Stefanie Kind
im Café Restaurant Bar Dialekt in Merdingen

Am westlichen Fuß des Kaiserstuhls, dem berühmtesten Weinberg Badens, steht im Weindorf Merdingen ein imposantes Glashaus. Nein, es ist keine Gärtnerei, sondern ein originelles Refugium, in dem die junge Stefanie Kind ihre Gäste bewirtet.

Vor der riesigen Glasfassade liegt die fruchtbare Oberrheinebene, der Blick reicht bis in die elsässischen Vogesen, zum Tuniberg und zum Kaiserstuhl. Die hauseigenen Galloway-Rinder grasen friedlich auf der benachbarten Weide. Riesige Palmen recken sich zum hohen Glasdach, der Blick nach oben zeigt das ständig wechselnde Wolkenspiel am weiten Himmel. Man sitzt gemütlich im spektakulären Glashaus und fühlt sich auch im Winter wie im Sommer. Hier hat sich die gelernte Köchin Stefanie Kind selbstständig gemacht.

Im März 2011 startete sie mit Partnern den Bau ihres ungewöhnlichen Restaurants. Den Gästen gehört der Platz unter dem riesigen Glasdach, Küche und Büfett sind in einem eingeschobenen Betonbau untergebracht. Möglich ist das Ganze dank ausgefeilter, modernster Glashaustechnik; der Raum lässt sich beschatten, belüften und mit Holzpellets beheizen, wenn es nötig ist. Die Bepflanzung verströmt südliches Ferienfeeling, kräftig von Stefanie Kinds badisch-mediterraner Küche unterstützt.

Die 24-Jährige ist Köchin geworden, weil sie kreativ arbeiten wollte. Sie stammt aus der Nähe von Göppingen und ist der Arbeit wegen ins Badische gezogen. Lange hat sie allerdings nicht in fremden Wirtschaften gekocht, ehe sie den Schritt in die Selbstständigkeit wagte. »Hier kann ich meine Ideen verwirklichen, das ist eine große Chance«, sagt sie. »Ich musste schnell vieles lernen, zum Beispiel den Umgang mit den Mitarbeitern«, fährt sie fort, »aber es

Adresse
Café Restaurant Bar Dialekt
Kleinsteinen 11
79291 Merdingen
Telefon +49 (0) 7668 9 96 05 50
mail@ins-dialekt.de
www.ins-dialekt.de

Öffnungszeiten
Di–So 11–24 Uhr

Anfahrt
Von Breisach über Ihringen kurz vor dem Ortseingang links ins Gewerbegebiet, bei der zweiten Kreuzung links. Geradeaus fährt man direkt auf das Glashaus zu. Von Freiburg über Waltershofen bis zum großen Kreisverkehr am Ortsausgang geradeaus fahren, dann rechts ins Gewerbegebiet.

Im Dialekt verwöhnt Stefanie Kind ihre Gäste mit badisch-mediterranen Köstlichkeiten.

Das Dialekt: eine leuchtende kulinarische Insel zwischen Kaiserstuhl und Rhein.

macht mir viel Freude, hier eine Art zweite Familie aufzubauen.«

Sie leitet die Küche, unterstützt von einem Koch und Küchenhilfen, betreut den Kücheneinkauf und steht regelmäßig gerne im Service, denn, meint sie, »nur so habe ich den Kontakt zu unseren Gästen, den ich brauche, um sie rundum verwöhnen zu können und ihre Wünsche und Vorlieben zu kennen«. Das offene Gebäudekonzept hat zur Folge, dass ihr die Gäste beim Arbeiten in der Küche zuschauen können. Unmittelbar neben der Küche hängt eine riesige Tafel mit den Tagesangeboten. Alles wird erst zubereitet, wenn der Gast es bestellt.

Ab und zu steht Galloway-Rind aus eigener Schlachtung auf der Karte, bisweilen sogar als »Ochs am Spieß«. Alles, was in der Region erhältlich ist, landet auf der Speisekarte, und zwar immer saisonal wechselnd. Dann aber verpasst Stefanie Kind den Produkten etwas südländischen Charme und eine Prise Exotik. »Ich stehe hier am Herd, weil ich den Gästen eine Freude bereiten will, und das wiederum freut mich jeden Tag aufs Neue«, sagt die junge Frau. Mittags bekommt man ein feines, täglich wechselndes Gericht mit Salat und Dessert, die Abendkarte ist etwas umfangreicher. Alles ist immer frisch. Genauso wie Kuchen, Torten und Desserts; auch sie werden aus unbehandelten Zutaten und Rohstoffen hergestellt.

Gemeinsam mit lokalen Winzern finden im Dialekt regelmässig Weinabende statt, mit anderen Worten: Es gibt ein ausgewähltes Menü und zu den einzelnen Gängen die jeweils passenden Weine.

Dass hier sozusagen auf dem freien Feld eine gastliche Atmosphäre entstanden ist, spricht sich natürlich herum. Das Team hat sich in kurzer Zeit nicht nur eine Menge Stammgäste ins Glashaus geholt – das Dialekt mausert sich zu einer beliebten Hochzeits- und Feierlokalität. Und das ist zu einem guten Teil auch der frischen, ehrlichen und spannenden Küche Stefanie Kinds zu verdanken – nicht nur der spektakulären Kulisse.

Im Sommer sitzt man vor dem Glashaus und genießt den Blick in die Ebene, an klaren Tagen bis zu den Vogesen.

Ausflugstipp: der Kaiserstuhl
Ein ausgedehntes Netz von beschilderten Wanderwegen (viele sind auch mit dem Rad zu befahren) überzieht den markanten Hügel mitten in der Oberrheinebene. Die typischen Hohlwege, Rebterrassen und Trockenwiesen lassen sich nach Themen geordnet erleben: Steinkauzpfad, Knabenkrautpfad oder Bienenfresserpfad ... Man kann sich auch Weinberg- und geologischen Führungen anschließen.
Informationen: www.kaiserstuhl.cc

Spaghetti mediterran

Für 4 Personen

4 kleine Zucchini | 2 Auberginen | 3 rote Paprikaschoten | 3 gelbe Paprikaschoten | 12 Champignons | 400 g Spaghetti | 1 Knoblauchzehe | 50 ml Olivenöl | Salz | schwarzer Pfeffer aus der Mühle | 1 Rosmarinzweig | 1 Thymianzweig

■ Das Gemüse waschen und putzen, anschließend in kleine Würfel von ½ cm schneiden.
■ In der Zwischenzeit die Spaghetti nach Packungsanweisung in reichlich Salzwasser bissfest kochen.
■ Die Knoblauchzehe schälen und in feine Scheiben schneiden. Das Olivenöl in einer Pfanne erhitzen und das Gemüse schmoren. Mit Salz und Pfeffer würzen. Die Rosmarin- und Thymianblättchen von den Zweigen streifen und fein hacken. Zum Gemüse geben.
■ Die Spaghetti abgießen und als Nest auf den Tellern verteilen. Mit dem Gemüse umlegen.

Carpaccio vom Thunfisch

Für 4 Personen

250 g Thunfisch | 20 g Meerrettich, frisch gerieben | 1 kleines Bund Petersilie | 1 kleines Bund Dill | Salz | schwarzer Pfeffer aus der Mühle | 1 Limette | 4 TL Olivenöl | 60 g Pinienkerne | 4 Blätter Lollo rosso | 4 Blätter Lollo bionda | 20 g Parmesan, in Späne gehobelt | 4 Kirschtomaten, in Viertel geschnitten

■ Den Thunfisch in Stücke mit einem Durchmesser von etwa 3 cm schneiden. Mit dem Meerrettich einreiben.

■ Die Petersilie und den Dill waschen, trocken schütteln und von den Stängeln zupfen. Anschließend fein hacken und die Thunfischstreifen darin wenden. Mit Salz und Pfeffer würzen. Dann fest in Klarsichtfolie einwickeln und mit Alufolie zu einer Rolle formen.

■ Einen Tag lang im Kühlschrank ruhen lassen. Zwei Stunden vor dem Servieren einfrieren.

■ Den Saft der Limette ausdrücken und mit dem Olivenöl vermengen. Die Teller mit der Emulsion einstreichen.

■ Den Thunfisch auswickeln, in gefrorenem Zustand in hauchdünne Scheiben schneiden und auf die Teller legen.

■ Die Pinienkerne in einer Pfanne ohne Fett rösten und auf dem Fisch verteilen. Die Teller mit den Salatblättern, Parmesanspänen und Kirschtomaten dekorieren.

Rosa gebratene Entenbrust an Feldsalat

Für 4 Personen

4 Entenbrüste à 200 g | 2 EL Sesamsamen | 1 kleine rote Zwiebel | 125 ml Himbeeressig | 250 ml Walnussöl | Salz | schwarzer Pfeffer aus der Mühle | Zucker | 2 Orangen | 200 ml dunkler Aceto balsamico | 150 g Speckwürfel | 2 Scheiben Toastbrot, entrindet und in kleine Würfel geschnitten | 500 g Feldsalat, gewaschen und geputzt

- Die Entenbrüste auf der Hautseite rautenförmig einschneiden.
- Den Sesam in einer Pfanne ohne Fett rösten. Die Zwiebel schälen, fein hacken und zusammen mit dem Himbeeressig mit dem Stabmixer pürieren. Anschließend mit dem Walnussöl aufmixen und mit Salz und Pfeffer sowie etwas Zucker würzen. Den Sesam an die Marinade geben.
- Die Orangen schälen und filetieren. Den Saft und Hautteile in einem kleinen Topf auffangen. Den Aceto balsamico angießen und einkochen lassen. Anschließend durch ein Sieb streichen, um eventuelle Hautteile zu entfernen.
- Die Entenbrüste langsam erst auf der Hautseite und dann kurz auf der Fleischseite in einer Pfanne rosa braten. Herausnehmen und warm stellen.
- Die Speck- und Toastbrotwürfel in derselben Pfanne rundum braten. Den Feldsalat in der Zwiebelmarinade wenden. Mit Speckwürfeln und Croûtons auf Tellern anrichten.
- Die Orangenfilets auf die Teller verteilen und die Balsamico-Reduktion darüberträufeln. Die Entenbrüste in Scheiben schneiden und zu den Orangen legen. Mit Salz und Pfeffer würzen.

SCHORLE
0,2
2,10€
CHAI LATTE
GALÃO
2,50€
2,60€
ALLES AUCH
2,70€
TAWNY
PORTO

4

Suppen satt

Ludevina Milhanas-Modispacher im DiVina's Café in Freiburg im Breisgau

Die Freiburger verdanken die feinen Suppen, die sie in Ludevina Milhanas' Café genießen können, einem Zufall.

Vina, wie ihre Gäste sie gerne nennen, ist ein portugiesisches Schwarzwaldmädel. Aufgewachsen im Herzen der Urlaubsregion Titisee, hat sie »mehr deutsche als portugiesische Eigenschaften«, wie sie selber sagt. Im Schwarzwald sind ihre zwei Kinder groß geworden, und dort hat sie auch ihren Beruf erlernt. Sie ist Baukeramik-Meisterin. Auf der Suche nach einer geeigneten Werkstätte unten im Tal, im viel wärmeren Freiburg, hat Ludevina Milhanas eines Tages das leer stehende Lokal entdeckt. Sie hat es sich angeschaut und sofort gemietet. Auch war gleich klar, dass die Räume mit Baukeramik allein auf Dauer nicht zu finanzieren sind. Was lag also näher, als ein Café einzubauen? Mit dem Hintergedanken, dass dabei auch Kundschaft für die Baukeramik »abfällt«.

Die Geschichte von DiVina's Café nahm dann noch ein paar Kurven, bis die temperamentvolle Wirtin anfing, Suppen für ihre Gäste zu kochen. Und zwar jeden Tag eine andere, alle gluten- und lactosefrei. Ludevina Milhanas macht am Sonntagabend ihren Suppenplan und bereitet die ebenfalls alle hausgemachten feinen Kuchen vor. Morgens schaut sie aus dem Fenster oder hört den Wetterbericht – und entscheidet dann, wie ihre Suppen für den Tag werden. »Mal frisch und leicht an heißen Tagen, mal deftig-dick an kalten Tagen, ich variiere da«, erzählt sie. Immer gibt es eine Variante für Vegetarier, und die ganz frühen Gäste, die schon um 10.30 Uhr nach der Tagessuppe fragen, die bekommen dann halt vorgesetzt, was noch vom Vortag übrig ist.

Im Allgemeinen sind die Suppen jedoch – da macht die Chefin keine Kompromisse – immer absolut frisch. Das Spektrum reicht von der afrikanischen Fruchtsuppe über eine klare Kartoffelsuppe bis zu extra deftigen Fleischsuppen. Und immer freitags ist Fisch-

Adresse
DiVina's Café
Günterstalstraße 31
79102 Freiburg im Breisgau
Telefon +49 (0) 761 1 54 08 95
info@divinascafe.com
www.divinascafe.com

Öffnungszeiten
Mo–Fr 9–18 Uhr
Sa 10–17 Uhr

Anfahrt
Von der B 31 (Freiburg–Schwarzwald) dem Wegweiser Richtung Günterstal folgen. Das Café befindet sich links direkt an der Straße.

Hat man im hübschen Wintergarten einen ruhigen Platz gefunden, kann man dem Trubel vor der Tür ganz entspannt zusehen.

Stuckrosetten und antike Kronleuchter tragen zu einem ungewöhnlichen, interessanten Ambiente bei.

suppentag in DiVina's Café. »Ich lasse mich von Büchern inspirieren oder auch von Gesprächen mit Gästen, koche aber stets frei Schnauze! Ich habe immer schon mit Passion gekocht. Es macht mich glücklich.« Weil in den Sommermonaten immer mal wieder von den feinen Suppen etwas übrig blieb, hat sich die findige Unternehmerin in die winzige Küche gestellt, die Suppen fein säuberlich eingekocht und mit einem Etikett versehen ins Regal gestellt. Und siehe da, die Gäste wissen das zu schätzen und nehmen gerne ab und zu ein Glas »Suppe für die Seele« mit nach Hause. Denn genau das sind diese Gerichte. Ludevina Milhanas' Nachbar, ein Schreiner, sagt denn auch: »Wenn ich eine Suppe von Ihnen gegessen habe, dann geht es mir wieder richtig gut!«

Ein wenig Bewegungsfreiheit braucht der Gast. Das sind Professoren der nahen Universität und Studenten: Weil die Wirtin alles selber macht, vom Cappuccino bis zur Fischsuppe und den Kuchen, holen sich die Gäste ihre Getränke und ihr Essen an der Bar selber ab und suchen sich dann in den drei Gasträumen ein Plätzchen. Die stilvollen Zimmer sind mit liebevoll zusammengesuchten Möbeln bestückt, der schmale, aber gemütliche Glaskasten zur Straße hin ist eine Art Wintergarten, und Licht spenden üppige Kronleuchter. An den Wänden hängen Bilder, die man auch kaufen kann. In den Regalen und hinter dem Büfett gibt es ein paar alte Maschinen, ein Kaffeeservice, Fotoapparate und Radios, dekorativ positioniert, zu sehen.

Nicht mal auf einen guten Schluck Wein muss man hier verzichten. Sowohl im Ausschank wie auch im Verkauf gibt es ausgewählte Tropfen aus Portugal, weiße, rote, und den berühmten Vinho verde. Und über den ganzen Stolz der Wirtin freuen sich auch die Freiburger. Originalton Milhanas-Modispacher: »Das ist das einzige Café in ganz Freiburg, in dem es die feinen Pasteís de Nata gibt!« Die kleinen, delikaten Blätterteigtörtchen mit Vanillecremefüllung passen hervorragend zu den sehr feinen Kaffeespezialitäten. Im Sommer übrigens kann man die Ergebnisse von Ludevinas kulinarischem Einfallsreichtum hinter dem Haus im lauschigen Gärtchen genießen. Nur die Baukeramik, die sucht man vergebens …

DiVina's Café: ein Rastplatz mitten in Freiburg, ein Café der besonderen Art. Köstliche Suppen, natürlich Kaffee, dazu reichlich Lesestoff lassen die Zeit viel zu schnell vergehen.

Ausflugstipp: Münster und Schauinsland

Freiburg kann man zweimal von ganz oben anschauen, und beide Blicke lohnen sich wirklich. Wer auf den 116 Meter hohen gotischen Turm des Münsters zur Lieben Frau steigt – es sind 153 Treppenstufen zu überwinden –, wird mit der imposanten Sicht über die ganze Stadt belohnt – bei gutem Wetter sieht man bis in die Vogesen – und mit einem Blick auf die frühmittelalterliche Glocke namens Hosanna. Zu Füßen des Münsters findet täglich der Münstermarkt statt.

Freiburgs Hausberg Schauinsland erreicht man von der Verlängerung der Günterstalstraße aus mit einer Gondelbahn. Der Name des Berges verspricht nicht zu viel: Der Blick reicht von der Oberrheinebene im Westen, über sanfte Hügel und enge Täler bis zu den dunklen Tannenwäldern des Schwarzwaldes im Osten. Es lohnt jederzeit einen Spaziergang, und im Winter locken viele Loipen.
Informationen: www.freiburgermuenster.info,
schauinslandbahn.de

Lammsuppe mit Zitrone

Für 6 Personen

2 Zwiebeln | 4 Knoblauchzehen | 1 Stange Zitronengras | ¼ Sellerieknolle | 2 Zitronen | 100 ml Olivenöl | 250 ml trockener Weißwein | 1,5 l Gemüsebrühe | 500 g Lamm (Hüfte oder Schulter) | 2 Tamarindenblätter | 1 TL Rosmarin, fein gehackt | ½ Chilischote, geputzt | 5 Pimentkörner | Salz | schwarzer Pfeffer aus der Mühle | 500 g mehligkochende Kartoffeln, geschält und in Würfel geschnitten | 750 g grüne Bohnen, klein geschnitten | 200 g Cocktailtomaten

■ Die Zwiebeln und die Knoblauchzehen schälen und fein hacken. Das Zitronengras fasrig klopfen. Den Sellerie putzen und in grobe Würfel schneiden. Die Zitronenschale in Zesten abreißen und das Fruchtfleisch in Scheiben schneiden.

■ Das Olivenöl in einem Topf erhitzen und Zwiebeln, Knoblauch und Zitronengras anschwitzen. Mit dem Weißwein ablöschen und kurz aufkochen lassen. Die Gemüsebrühe angießen. Das Lammfleisch am Stück, den Sellerie, die Zitronenscheiben und die Gewürze dazugeben. Die Suppe aufkochen lassen. Die Hitze reduzieren und anschließend etwa 1 Stunde köcheln lassen.

■ Das Fleisch herausnehmen. Die Suppe durch ein Sieb abgießen und die Flüssigkeit auffangen. Diese wieder in den Topf geben und die Kartoffelwürfel sowie die Bohnen in die Suppe geben und darin garen.

■ Das Fleisch in Würfel schneiden und in die Brühe geben. Die Cocktailtomaten halbieren und dazugeben, etwas ziehen lassen.

■ Mit Salz und Pfeffer würzen und mit Zitronenzesten bestreuen.

Kürbis-Fisch-Suppe mit Feta

Für 6 Personen

500 g Kürbis (Hokkaido oder Butternut) | 200 g festkochende Kartoffeln | 100 g Karotten | ½ Zwiebel | 2 Knoblauchzehen | 100 ml Olivenöl | 1 TL Curry | 1 TL gemahlener Koriander | 1 TL Kurkuma | 3 Bioorangen | 1 Stange Zitronengras | 1 Chilischote | 8 Pimentkörner | 1,5 l Gemüsebrühe (selbst hergestellt oder Bioqualität) | 250 ml Vinho verde | 600 g Fischfilet (nach Belieben), in Stücke geschnitten, ausgelöste Muscheln oder küchenfertige Meeresfrüchte | Salz | Orangenpfeffer | frisch geriebene Muskatnuss | 150 g Feta | 1 EL Koriandergrün, die Blätter fein zerzupft

- Kürbis, Kartoffeln und Karotten schälen. Die Zwiebel und die Knoblauchzehen schälen. Alles mit der Gemüsereibe grob hobeln.
- Das Olivenöl in einem großen Topf erhitzen und das Gemüse anschwitzen. Curry, Koriander und Kurkuma dazugeben und weiter dünsten.
- Zwei Orangen waschen und in je acht Stücke schneiden. Das Zitronengras fasrig klopfen. Die Chilischote waschen, halbieren und die Kerne entfernen. Alles mit den Pimentkörnern zum Gemüse geben.
- Die Gemüsebrühe angießen und die Suppe köcheln lassen, bis alles schön weich ist. Das Zitronengras entfernen.
- Die Suppe mit dem Stabmixer fein pürieren und den Vinho verde dazugeben. Die Fischstücke und Meeresfrüchte in die heiße Suppe geben und gar ziehen lassen. Anschließend mit Salz, Orangenpfeffer und Muskat würzen.
- Falls die Suppe zu kompakt ist, etwas Vinho verde oder Gemüsebrühe angießen, bis die gewünschte Konsistenz erreicht ist.
- Die Schale der restlichen Orange in Zesten abreißen und in die Suppe geben. Den Feta zerbröseln und kurz vor dem Anrichten mit dem Koriandergrün über die Suppe streuen.

5

Mit Stil und Charme

Dr. Caroline von Kretschmann im Hotel Europäischer Hof in Heidelberg

Adresse
Hotel Europäischer Hof Heidelberg
Friedrich-Ebert-Anlage 1
69117 Heidelberg
Telefon +49 (0) 6221 51 50
welcome@europaeischerhof.com
www.europaeischerhof.com

Öffnungszeiten
Hotel ganzjährig geöffnet; Kurfürstenstube 12–14.30 Uhr und 18.30–22.30 Uhr

Anfahrt
A 5 Ausfahrt Heidelberg-Schwetzingen, rechts auf die Speyerer Straße/B 3, der B 3 folgen, rechts auf »Plöck« einbiegen, nochmals rechts abbiegen und geradeaus bis zur Friedrich-Ebert-Anlage fahren; Gäste werden auf Wunsch vom Bahnhof abgeholt.

Der Europäische Hof verdient die Bezeichnung Grand Hotel und verkörpert das Idealbild eines Familienunternehmens. Dr. Caroline von Kretschmann führt es in vierter Generation mit Stil, Herzlichkeit und betriebswirtschaftlichem Know-how.

Draußen pulsiert der Verkehr, und das Leben im Zentrum der Stadt geht seinen lebhaften, gewohnten Gang. Betritt man durch das Tor den lauschigen Hof mit dem Sommerrestaurant und geht weiter in die schöne Eingangshalle des Hotels, ist die ruhige und entspannte Atmosphäre des Hauses sogleich spürbar. Inmitten vollendeter Eleganz verwöhnt der Europäische Hof mit Charme und großzügigem Service. Das Haus ist eines der letzten familiengeführten Fünf-Sterne-Stadthotels Deutschlands.

In das 1865 erbaute Gebäude an der Friedrich-Ebert-Anlage ist die promovierte Betriebswirtschafterin Caroline von Kretschmann 2010 eingezogen. Zunächst übernahm sie von ihren Eltern die Leitung des neu gegründeten Geschäftsbereichs Marketing und Vertrieb und schließlich 2012 die Geschäftsführung der Betriebsgesellschaft, die sich in der heutigen Zeit großen Herausforderungen stellen muss. Denn wie in allen Branchen hat sich der Wettbewerb in der Hotellerie in den letzten Jahrzehnten zugespitzt. In Zeiten der Globalisierung muss der zunehmenden Internationalisierung, dem individuellen Kundenverhalten und den heute schneller wachsenden Kundenbedürfnissen in einem von Kettenhotels dominierten Markt Rechnung getragen werden. Eine Mammutaufgabe! Denn eine der Strategien muss ja auch darauf abzielen, die Individualität des Hauses, seine Philosophie zu bewahren – als eine Herberge, in der 140 Mitarbeiter den Gästen jeden Wunsch von den Lippen ablesen. 118 Zimmer hat der Europäische Hof, drei Restaurants, zehn Veranstaltungsräume und ein Panorama-Spa auf dem Dach. Die Kurfürstenstube ist ein Gourmetrestaurant mit hohem

Im ruhigen Innenhof befindet sich der Haupteingang zu Caroline von Kretschmanns Wirkungsstätte, dem Grand Hotel Europäischer Hof.

Essen in der Kurfürstenstube ist auch eine Reise in die Vergangenheit des Hauses; die Küche allerdings bietet modernes »Fine Dining«.

Anspruch und verlockt zum Genuss eines Degustationsmenüs – im Sommerrestaurant speist man leicht, mediterran und unter freiem Himmel im Innenhof.

»Meine Eltern haben uns schon als Kinder Unternehmertum vorgelebt. Das Hotel saß eigentlich immer mit am Familientisch«, sagt die Tochter. »Meine Eltern übergeben ein Haus ohne Investitionsstau und mit hohem Ansehen bei den Gästen und in der Stadt.« Das Ehepaar von Kretschmann weiß, welcher Anstrengungen es bedarf, ein Luxushotel zu führen; seit 1965 haben sie einer großen Gästezahl, darunter vielen Stammgästen, zumindest tageweise eine Art Heimat geschaffen. Immer wieder wird der freundliche und persönliche Service ganz besonders lobend erwähnt, dazu der zeitlose Charme in Einrichtung und Ausstattung. Die Eltern, erzählt die Tochter, hätten keinerlei Druck auf die beiden Kinder ausgeübt, die Nachfolge anzutreten. Bruder Oskar ist in der Bankenbranche tätig, während sich Caroline von Kretschmann nun der Herausforderung und der Verantwortung »Hotel« stellt. »Sähe ich keine positive Perspektive, hätte ich das nicht getan«, sagt sie. Aber neben dem Unternehmertum hat sie nun auch die Freude an der Hotellerie gepackt, und sie geht die Aufgabe mit überlegter Strategie und einer riesen Portion Energie an.

Die Heidelbergerin studierte und promovierte in St. Gallen, an einer der führenden Wirtschaftsuniversitäten Europas. Nach dem Studium war sie zunächst vier Jahre in einem internationalen

Beratungsunternehmen tätig. Dann wurde sie zum ersten Mal Unternehmerin und gründete eine eigene Beratung in Berlin. Diese verkaufte sie nach zehn Jahren, als die Nachfolgefrage in Heidelberg aufkam. Seit 2010 ist sie nun in Heidelberg und pendelt wöchentlich zwischen der Hauptstadt und der romantischen Studentenstadt, um sich nach und nach auf die neue Aufgabe als Hotelchefin vorzubereiten.

Stil, Qualität, Individualität und guter Service sind im Europäischen Hof eine Herzensangelegenheit. Man kümmert sich höchstpersönlich um alles. Das beginnt mit dem Anfertigen der Tischtücher, betrifft das Neubepolstern der eleganten Sessel und die Renovierung der Zimmer, die nach und nach in Angriff genommen wird – ausschließlich mit Handwerkern vor Ort. Sylvia von Kretschmann, die weiterhin mit ihrer Tochter in der Geschäftsführung ist, tritt jeden Morgen um halb sechs ihren Dienst an, kümmert sich liebevoll nicht nur um alles, was Design und Inneneinrichtung anbetrifft, sondern ebenso um das gesamte Housekeeping. Ein Grundsatz nämlich prägt die Familie: Outsourcing kommt nicht in Frage, und die Mitarbeiter gehören quasi zur Familie. »Wir tragen Verantwortung für sie, und das tun wir sehr gerne«, sagt die Tochter. 35 Auszubildende stehen derzeit auf der Lohnliste. Caroline von Kretschmann weiß, wie wichtig gute Mitarbeiter sind. Sie fordert sie nicht nur, sie fördert sie auch, denn sind sie zufrieden, kann man sicher sein, dass das Haus zufriedene, glückliche und vor allem immer wiederkehrende Gäste haben wird, getreu dem Credo: »Wir lieben, was wir tun.«

Das Sommerrestaurant im Innenhof ist eine liebevoll gestaltete grüne Oase mitten in der Stadt.

Viele Gäste hat das Haus kommen und gehen sehen: gekrönte Häupter, Berühmtheiten wie Montserrat Caballé und José Carreras, Politiker aller Couleur, Weltstars und Sternchen. Die Gästebücher zieren Namen wie Carl Zuckmayer, Neil Armstrong, Richard Strauss und Sir Peter Ustinov. Der Europäische Hof war und ist das erste Haus am Platz, ein Haus mit Tradition, Charme und Seele. »Wir wünschen uns, dass alle, die zu uns kommen, sich hier willkommen und wohlfühlen«, sagt Caroline von Kretschmann und fügt hinzu: »Es ist mir wichtig zu vermitteln, dass wir ein Haus für jedermann sind.«

Viel Aufmerksamkeit widmet sie denn auch den Kontakten zu Heidelbergern, den Unternehmen und zum Beispiel der Universitätsklinik, um Kunden für die Seminarräume und Hotelzimmer zu akquirieren. Und ein stets von Herzen kommendes freundliches

Wort gehört jedem Gast – und jedem Mitarbeiter. Auf dass alle, die hinaus in die hektische Welt gehen, dies erholt, erfrischt und mit einem Lächeln tun.

Ausflugstipp: Schlossruine Heidelberg

Liselotte von der Pfalz, die Verfasserin ungeschminkter Briefe, ist hier aufgewachsen und hat das Schloss berühmt gemacht. Die steinernen Zeugen einer großen Vergangenheit lohnen den Besuch, auch dank des traumhaften Blicks über die Stadt, auf den Neckar und in die weite, saftig grüne Landschaft. Im Schlossgarten finden Stadtmüde Erholung.
Informationen: www.schloss-heidelberg.de

Zweierlei vom Hohenloher Rind

Für 6 Personen

Für das Rinderfilet: ½ Knoblauchzehe | ½ Stange Staudensellerie | 1 kleine Petersilienwurzel | 1 kleines Bund Blattpetersilie | 1 kleine Karotte, geschält | abgeriebene Schale 1 Biozitrone | je 2 Thymian- und Rosmarinzweige, die Blättchen von den Zweigen abgestreift | 2 Lorbeerblätter | 1 EL Koriander, ganz | 4 Kardamomkapseln | 1 TL Senfsaat | 1 EL grob geschroteter schwarzer Pfeffer | 10 g Pökelsalz | 20 g grobes Meersalz | 360 g Rinderfilet, am besten trocken gereift, vorzugsweise von der Bäuerlichen Erzeugergemeinschaft Schwäbisch Hall

Außerdem: Olivenöl | Zitronensaft

Für die Schalottenmarmelade: 2 EL Olivenöl | 400 g Schalotten, geschält und fein gehackt | grobes Meersalz | grob geschroteter schwarzer Pfeffer | 100 g brauner Rohrzucker | 3 EL Honig | 300 ml kräftiger Rotwein | 100 ml roter Portwein | 5 EL dunkler Aceto balsamico | 1 Lorbeerblatt | 1 kleiner Thymianzweig, die Blättchen von den Zweigen abgestreift

Für das Tatar: pro Person etwa 30 g Rinderfilet | etwas Dijon-Senf | 2 Sardellen | einige Kapern | Paprikapulver, edelsüß | Salz | schwarzer Pfeffer aus der Mühle | Olivenöl | 2–3 Schalotten, geschält und fein gehackt

■ Die Knoblauchzehe schälen und fein hacken. Das Gemüse und die Kräuter klein schneiden bzw. hacken, die Gewürze grob im Mörser zerstoßen. Alles mit dem Salz mischen und das Rinderfilet damit einreiben. Mindestens 30 Stunden im Kühlschrank mari-

nieren. Die Gemüse und die Gewürze abspülen und das Fleisch trocken tupfen. Mit einem Schinken- oder Lachsmesser dünn aufschneiden. Die Teller vorher mit etwas Olivenöl und Zitronensaft bepinseln.

■ Für die Schalottenmarmelade das Olivenöl in einem Topf erhitzen und die Schalotten glasig anschwitzen. Salz und Pfeffer hinzufügen. Den Zucker und den Honig zugeben und mit Rotwein, Portwein und Aceto balsamico ablöschen. Lorbeerblatt und Kräuter hinzufügen und das Ganze langsam sirupartig einkochen lassen. Heiß in ein Einweckglas abfüllen und kalt stellen.

■ Für das Tatar das Rinderfilet entweder sehr klein schneiden oder wolfen (bitten Sie Ihren Metzger/Fleischer darum) und die Gewürze hinzufügen. Etwas Olivenöl in einer Pfanne erhitzen und die Schalotten glasig anschwitzen. Auskühlen lassen und unter das Tatar mischen.

■ Anrichten: Das Tatar als Nocke neben das gebeizte Filet setzen. Als Garnitur eignen sich angeschwenkte Pfifferlinge, Wachtelspiegelei, etwas Schalottenmarmelade, Crème fraîche und Kräutersalat.

6

Vorhang auf!

Hanna Sanner
im Kulturcafé Fräulin in Zell im Wiesental

Immer am Freitag weht ein Hauch von großer Bühne durch das Kaffeehaus: Hanna Sanner lädt zu Kultur mit Gaumenschmaus und Getränken. Folgerichtig heißt somit ihr kleines, aber feines Refugium »Kulturcafé Fräulin«.

Zell im Wiesental, im südlichen Schwarzwald gelegen, rühmt sich einer tausendjährigen Geschichte. Gegründet wurde die Stadt von den Fridolinsmönchen des Klosters Säckingen. Fridolin selbst, der große Glaubensbote, bereiste zwischen 550 und 650 die Gegend des Oberrheins. Man baute hier zunächst eine »cella«, eine kleine Holzkapelle. Darauf wird der Name der heutigen Stadt zurückgeführt. Im Laufe der Jahrhunderte entwickelte sich der Ort, den die Wiese durchfließt. Man nutzte ihre Wasserkraft und baute einen Gewerbekanal. Gegen Ende des 18. Jahrhunderts ließ man Weber aus Augsburg kommen. Sie bildeten Einheimische für das Weben feiner Tuche aus. Man lieferte sie nach Rom, Wien, Konstantinopel sowie Petersburg und London.

Bis in die 1970/80er-Jahre hinein spielte die Textilindustrie in Zell eine große Rolle. Heute zeugt nur das hübsche Wiesentäler Textilmuseum von der großen Vergangenheit der Stadt.

Der Name Kulturcafé Fräulin (auch wenn die Überlegung naheliegen mag) hat nichts mit einem Fräulein zu tun. Max Fräulin hieß die Großbäckerei, die im stattlichen Haus in der Kirchstraße einst ihren Sitz hatte. Sie war eine der größten in Süddeutschland, belieferte die umliegende Industrie, die vorderösterreichischen Soldaten – bis 1805 gehörte Zell jahrhundertelang dem habsburgischen Vorderösterreich an – und versorgte die ganze Stadt.

Betritt man heute das Café durch die linke Eingangstür, steht man im ehemaligen Verkaufsladen und in der heutigen Carl-Maria-von-Weber-Stube. Carl Maria von Weber war der Cousin der 1762 in Zell geborenen Sopranistin Constanze Weber, später

Adresse
Kulturcafé Fräulin
am Schwanenweiher
Kirchstraße 17
79669 Zell im Wiesental
Telefon +49 (0) 7625 9 28 94 40
info@kulturcafe-fraeulin.de
www.kulturcafe-fraeulin.de

Öffnungszeiten
Mi–Fr 10–17 Uhr;
Fr bei Veranstaltungen
10–22 Uhr
Sa, So und Feiertage 11–17 Uhr
Geschlossene Gesellschaften
bis 30 Personen mit Bewirtung
nach Absprache

Anfahrt
B 317 von Lörrach: links in die Schopfheimer Straße, geradeaus in die Kirchstraße; das Café befindet sich links gegenüber der Kirche.

Einst war das romantische Kulturcafé Fräulin im Herzen von Zell im Wiesental eine große Bäckerei.

Ein Büfett mit Kuchen und eine Bühne für Musik und Kultur finden die Gäste in Hanna Sanners Stuben vor.

Mozart. Sie ist die berühmteste Tochter der Stadt. Carl Maria von Weber gilt als der Schöpfer der deutschen romantischen Oper.

Nimmt man den Eingang zur Rechten, fällt einem sofort die urgemütliche Leseecke in der schon immer als Café genutzten Stube angenehm auf – und wird sofort aufs Herzlichste von Hanna Sanner in Empfang genommen. »Es kommen zwar relativ wenig Leute aus dem Städtchen Zell, aus der weiteren Umgebung aber schon«, sagt sie, »und die Laufkundschaft findet mich sowieso.« Das sind Wanderer, Kirchenbesucher und Schwarzwaldtouristen auf ihrem Weg in die höher gelegenen Orte.

Nach 20 Jahren als Lehrerin an der Kaspar-Hauser-Schule für Erziehungshilfe in Schopfheim hatte die studierte Waldorfpädagogin Hanna Sanner das Gefühl, etwas in ihrem Leben ändern zu müssen. Das tägliche Sich-Kümmern um die Heimkinder sollte nicht bis zur Rente ihre Aufgabe sein, auch wenn ihr diese doch zeitweilig zum Bedürfnis geworden war. Gekocht und gebacken hat sie mit ihren Schützlingen, die sie auch in Ernährungslehre unterrichtet hat, immer gern. Außerdem hat sie im Bio-Café einer Freundin eine Zeit lang an einem Tag der Woche ausgeholfen. In diesen Monaten stellte sie irgendwann fest, dass sie sich die ganze Woche gerade auf diesen einen Tag besonders freute. Und so reifte der Plan für ein eigenes Café.

Das Konzept hatte sie schon früh vor Augen. Die aus einer vielseitig kulturell interessierten und aktiven Familie stammende Hanna Sanner wollte nicht nur Kaffee und Kuchen anbieten. Sie wollte den Menschen Kultur nahebringen. Kleinkunst mit Kochkultur zu verbinden, das war ihr Anliegen. Das Café wurde nach und nach ein Kulturcafé mit dem entsprechenden Interieur und – seit dem Sommer 2012 – mit nahezu wöchentlich stattfindenden Veranstaltungen wie Theater, Musik, Kabarett, Lesungen, allemannischer Mundartkunst und Gesangsdarbietungen. Bis zu 30 Gäste finden in dem Café Platz; die Abende haben einen ausge-

sprochen intimen Charakter. Die Chefin reicht kleine Speisen, verwöhnt die Gäste mit fantasievollen Suppen oder – ganz traditionell – Flammkuchen.

Der Umgang mit den Künstlern ist es, der ihr dabei gefällt. Hanna Sanner vereinigt in ihrer Person viele Aufgaben: Sie ist Programmdirektorin, Köchin, Wirtin, PR-Agentin und Innenarchitektin. Daneben kümmert sie sich um alles, damit der Laden läuft: Sie kauft ein, bereitet alles vor, macht sauber. Eine One-Woman-Show! Ab und an wird sie, besonders an den Kulturabenden, unterstützt von der Tochter Lisa-Maria, die auch schon mal Urlaubsvertretung ist, und einer Reihe von Freundinnen. Das Piano wird von Hanna Sanners Ehemann Hans, einem Klavierbauer und Klavierstimmer, auf die richtige Tonhöhe gebracht.

Im Schaufenster des Cafés liegen Spiele aus, bereit, den Gästen die Zeit zu verkürzen, und in den Regalen warten Kochbücher darauf, in die Hand genommen zu werden – im Übrigen genauso wie Romane und Erzählungen, auch Lyrik und Kinderbücher. Auf diese Weise ist das Café Fräulin zu einem Begegnungsort geworden, der der Tradition der Kaffeehauskultur folgt.

Ganz regional allerdings steckt die Wirtin die Grenzen, wenn es um die Zutaten für ihre wöchentlich wechselnde Karte geht. Der örtliche Biobetrieb liefert eine »grüne Kiste«, es kommt auf den Tisch, was Saison hat und erntefrisch geliefert werden kann. Konkurrenz für die Zeller Gastronomie will das Kulturcafé nicht sein. Daher bietet es ausschließlich vegetarische Gerichte an. »Ich berei-

Hanna Sanner hat Sinn für Raumgestaltung: Die originelle Möblierung hat sie selbst zusammengetragen. Stuck, Holz und Tapeten waren schon da.

te Frühstück und Mittagessen zu und serviere Kaffee und Kuchen. Bei geschlossenen Gesellschaften gibt es auf Wunsch auch Fleischgerichte.« Die sogenannten geschlossenen Gesellschaften sind in der Zwischenzeit recht zahlreich geworden. Denn die Räume mit den eleganten Tapeten, den feinen Stuckdecken und dem antiken Mobiliar und dazu im Sommer der schöne Garten laden ein, hier einen Geburtstag zu feiern oder eine Familienfeier auszurichten. Und nicht zuletzt lässt sich die eine oder andere Horizonterweiterung in Sachen Musik, Literatur und Theater an eine kleine Wanderung auf den »Zeller Blauen«, der mit seinen 1079 m Höhe zu den schönsten und zudem noch unerschlossenen Schwarzwaldbergen zählt, anhängen.

Ausflugstipp: Wiesentäler Textilmuseum

Die einstmals bedeutende Textilindustrie im Wiesental wird in einer Dauerausstellung im 1996 eröffneten schmucken Museum eindrucksvoll vorgeführt. Ausstellungsstücke sind betriebsbereite mechanische Webstühle sowie Spinn- und Färbereimaschinen, alles Zeugnisse aus der Geschichte der Textilproduktion. In einer Bilddokumentation wird die Entwicklung von der textilen Heimarbeit über die ersten Manufakturen bis zur industriellen Produktion gezeigt, die einst 20 000 Menschen ein Einkommen bot.
Informationen: www.wiesentaeler-textilmuseum.de

Gemüsepfannkuchen

Für 4 Personen

8 Eier | 300 g Mehl | 1 Prise Salz | 2 EL Mineralwasser | 4 EL Butter | 1 kg Mangold, Spinat oder Wirsing | 250 g Doppelrahmfrischkäse, gewürzt oder neutral | Piment d'Espelette | 2 EL Butter | 4 Kirschtomaten | 4 Petersilienzweige

- Aus den Eiern, dem Mehl, Salz und Mineralwasser einen Teig herstellen.
- Das Gemüse waschen und in Streifen schneiden. 2 Esslöffel Butter in einer Pfanne zerlassen und das Gemüse bissfest dünsten. Den Frischkäse untermischen und mit Piment d'Espelette würzen.

■ Die restliche Butter in kleinen Portionen in einer Pfanne zerlassen und aus dem Teig nacheinander vier Pfannkuchen backen. Diese auf vier flache Teller legen, mit je einem Viertel vom Gemüse belegen und einmal zusammenklappen. Jeweils mit 1 Kirschtomate und 1 Petersilienzweig garnieren und sofort servieren.

Apfel-Zwiebel-»Waihe«

Für eine Kuchenform mit ca. 20 cm Durchmesser

300 g Mehl | 1 TL Salz | 6 EL kaltes Wasser | 200 g Butter | 2–3 Gemüsezwiebeln | 2 Äpfel | 125 g Sauerrahm | 3 Eier | 1 EL Gemüsebrühe | Salz | Pfeffer | 2 Thymianzweige | etwas Feldsalat

■ Für den Teig das Mehl auf eine Arbeitsfläche sieben und mit dem Salz mischen. In die Mitte eine Mulde drücken und das Wasser hineingeben. Die Butter in Flöckchen auf dem Rand verteilen. Vom Rand her die Zutaten mit den Fingerspitzen mischen und kräftig zu einem glatten Teig verkneten. Den Teig zu einer Kugel formen, in Klarsichtfolie wickeln und im Kühlschrank etwa ½ Stunde ruhen lassen.

■ Den Backofen auf 180 °C vorheizen.

■ Die Zwiebeln schälen und in feine Ringe schneiden oder hobeln. Die Äpfel waschen, schälen, das Kerngehäuse entfernen und das Fruchtfleisch ebenfalls in feine Scheiben schneiden. Mit den Zwiebeln mischen.

■ Den gekühlten Teig nun in die Form drücken, den Rand hochziehen. Für den Guss den Sauerrahm mit den Eiern und der Gemüsebrühe verrühren und mit Salz und Pfeffer würzen.

■ Die Zwiebel-Apfel-Mischung auf dem Teig verteilen und mit den abgezupften Thymianblättchen bestreuen. Den Guss vorsichtig darübergießen.

■ Die Waihe im heißen Ofen 30–40 Minuten backen. Nach Belieben mit Feldsalat anrichten und warm servieren.

7

Für Gesprächsstoff ist gesorgt

Bärbel Lasotta und Ilse Schachtsiek-Feyerabend im Restaurant Friedrich und der Weinstube Feyerabend

Traditionen bewahren und sie gleichzeitig modernisieren will die Wirtin Bärbel Lasotta. Die Nachfahren von Gründer Friedrich Feyerabend sorgen für unkomplizierte Kommunikation und gesundes, feines Essen.

Hinter der Theke locken prächtige Torten, im Schaufensterregal stehen Gugelhupf und Zopf einträchtig nebeneinander, und in der Weinstube geht es hoch her. Es ist Sonntag, und die Leute kehren ein oder holen sich ihren Kuchen nach Hause. Die Weinstube Feyerabend, das Restaurant Friedrich und die Konditorei sind in einem Haus aus dem Jahr 1563 untergebracht, das mit dem schönen Renaissance-Erker und dem golden leuchtenden Wirtshausschild bestens in die von Fachwerkhäusern gesäumte Straße passt. 1896 hat Friedrich Feyerabend Senior hier seine Bäckerei eröffnet und damit das Familienunternehmen begründet.

Seine Urenkelin Bärbel Lasotta hat die Nachfolge nach ihrer Mutter Ilse Schachtsiek zusammen mit ihrem Bruder Udo, Koch und Konditormeister, 1992 angetreten. Zunächst im Hotel Sonne, das ihr Vater, Friedrich Feyerabend Junior, 1970 gekauft und eingerichtet hatte und das auf der anderen Straßenseite stand. Der Bruder wirkte in der Küche, die ausgebildete Hotelfachfrau »vorne« bei den Gästen. 2003 beendete ein Brand abrupt die schöne Zeit der beiden und zerstörte das Haus bis auf die Grundmauern. Ein Wiederaufbau kam nicht in Frage, denn in der Stauferstadt Bad Wimpfen müssen Häuser entweder alt und renoviert sein, oder sie müssen sichtbar neu gebaut werden. Ein neues Haus wäre aber nicht groß genug geworden. Irgendwann bot die Hausbesitzerin zur Linken der Weinstube ihr Haus zum Verkauf an. Das gab der Familie die Möglichkeit, ihren Hauptbetrieb zu vergrößern.

Adresse
Restaurant Friedrich
Weinstube Feyerabend
Hauptstraße 74
74206 Bad Wimpfen
Telefon Restaurant
+49 (0) 7063 2 45
Telefon Weinstube
+49 (0) 7063 95 05 66
anfrage@friedrich-feyerabend.de
www.friedrich-feyerabend.de

Öffnungszeiten
Restaurant: Mi–Sa 12–14 Uhr und 18–21.30 Uhr; So/Feiertage 12–14 Uhr und 18–21.30 Uhr; Weinstube, Café und Konditorei: Di 9.30–18 Uhr, Mi–Sa 9.30 bis 23 Uhr, So/Feiertage 10–22 Uhr

Anfahrt
A 6 nach Heilbronn, Ausfahrt Bad Rappenau, über Bonfeld nach Bad Wimpfen. Geradeaus über den Kreisverkehr, der Straße folgen. Beim Linksabbiegepfeil Richtung Heinsheim. Nach 300 Metern rechts in die Hauptstraße. Das Restaurant steht nach 100 Metern beim Adlerbrunnen.

Inmitten der Fachwerkhäuser von Bad Wimpfen lockt das Wirtshausschild der Weinstube und Konditorei Feyerabend.

Betont schlicht, dennoch elegant ist das Restaurant Friedrich im ersten Stock. Kuchenverkauf ist Chefinnensache, Bärbel Lasotta berät jeden Kunden persönlich.

Im ersten Stock hat die junge Generation das wunderschöne, schlichte und moderne Restaurant in die alten Mauern eingebaut, die neue Küche fand genügend Platz, und im Dachstock gibt es nun einen Raum für geschlossene Gesellschaften. Die Bleiglasfenster haben sie der Stadt geschenkt, und jetzt hat man an den eleganten Tischen einen wunderbaren Blick auf die Hauptstraße und auf das Geschehen im Ort. Die Konditorei im Erdgeschoss mit der hübschen Backstube hat auch mehr Platz bekommen – mehr Platz für lecker-verführerische Kuchen.

Ilse Schachtsiek als jüngste Tochter von Friedrich Feyerabend hat eine Ausbildung zur Hotelfachfrau auf Wunsch ihrer Eltern absolviert, obwohl sie lieber Medizin studiert hätte. Ihr ganzes Berufsleben lang hat sie alleine für die Gäste der Weinstube gesorgt und ihnen das Vesper gerichtet. »Bis zwei Uhr in der Nacht sind die bei uns gesessen und haben gebechert«, erzählt sie, »sechs, acht, manchmal gar zehn Viertele pro Gast!« Kommunikativ war das wohl, auch saßen oftmals Leute, die sich vorher gar nicht gekannt haben, zusammen an einem Tisch. Und ihre Gäste erkennt die Seniorchefin wieder, auch wenn sie 20 Jahre lang nicht bei ihr eingekehrt sind. »Die freuen sich immer riesig darüber!«, sagt Ilse Schachtsiek.

Es ist bis heute ein Markenzeichen im Hause Friedrich-Feyerabend, dass kommuniziert werden darf: »Wir möchten, dass unsere Gäste sich unterhalten, deshalb gibt es bei uns keine Zweiertische. Man setzt sich auf einen freien Stuhl und kommt so in Kon-

takt mit den anderen Gästen«, sagt Bärbel Lasotta. Die fröhliche Frau regt gerne Gespräche an, und sie mag es, wenn die Stimmung in der urigen, heimeligen Weinstube gut ist: »Auswärtige kennen so etwas nicht, bei uns lernen sie es«, meint sie und schmunzelt. Bärbel Lasotta und ihr Bruder haben in einer Zeit, als der Weinkonsum in der Stube langsam zurückging, mit ihrer neuen Speisekarte wieder Leben und neue Gäste in die original erhaltene Gastwirtschaft gebracht.

Bärbel Lasotta schreibt in ihrer schönen Handschrift auf die Karte, was ihr Bruder stets frisch zubereitet: saisonale, regionale Gerichte mit Produkten aus der Region, zum Beispiel Fleisch von der Bäuerlichen Erzeugergemeinschaft Schwäbisch Hall. Die Speisen sind frei von jeder Art von Zusatzstoffen und genauso bekömmlich wie richtig gut.

In der kleinen Konditorei nebenan geben sich die Kunden die Klinke in die Hand. Sie kommen wegen der Torten und halten auch gerne ein kleines Schwätzchen mit der Chefin. Die berät ihre Kunden fachkundig und individuell. Bärbel Lasotta hat zwei schulpflichtige Kinder, weshalb sie nicht rund um die Uhr im Betrieb steht. Aber der Verkauf von bis zu 40 fachmännisch und liebevoll hergestellten Torten an einem durchschnittlichen Sonntag ist stets Chefinnensache. Die Kuchenrezepte stammen vom Großvater, vom Vater, von der Mutter und vom Bruder. Das Rezept für die glücklichen Gäste ist die unkomplizierte, herzliche Gastfreundschaft der ganzen Familie.

Die original erhaltene Weinstube mit den Ornamentglasfenstern ist urgemütlich. Der rote Fenstersturz im Erker im ersten Stock soll angeblich Barbarossa zeigen, den Gründer der Kaiserpfalz Wimpfen.

Ausflugstipp: Stadtführung, Blauer Turm und Museum

Die einstige Kaiserpfalz Bad Wimpfen, um 1200 von Kaiser Barbarossa gegründet, hat die Jahrhunderte fast unbeschadet überstanden. Ein geführter Stadtrundgang vermittelt Einblicke in die Geschichte und in manches Histörchen sowie schöne Ausblicke ins Neckartal. Es lohnt sich auch, den 53 Meter hohen Blauen Turm, das Wahrzeichen der Stadt, zu erklimmen. Und das historische Museum im Profanbau der Pfalz rundet den Tag ideal ab. Informationen: www.badwimpfen.de

Gratinierter Ziegenkäse mit bunten Blattsalaten

Für 2 Personen

2 Ziegencamemberts | schwarzer Pfeffer, grob geschrotet | 1 Prise Zucker | etwas Honig | frischer Rosmarin, die Blättchen abgestreift

- Den Backofen auf 250 °C Oberhitze vorheizen.
- Den Ziegencamembert in Stücke schneiden und mit dem Pfeffer und dem Zucker bestreuen. Mit dem Honig beträufeln und mit den Rosmarinblättchen dekorieren.
- Als Beilage eignet sich ein frischer, bunter Blattsalat, garniert mit Tomaten, Gurken, Radieschen und Kresse und mit der Lieblingsvinaigrette angerichtet.

Kürbissuppe

Für 8 Personen

500 g Muskatkürbis | 500 g Zwiebeln | 1 Knoblauchzehe | Ingwer (5 cm) | 100 g Butter | 300 ml Weißwein, vorzugsweise eine nicht trockene Auslese | 500 ml Gemüsefond | 500 g Crème fraîche | 200 g Sahne | Salz | weißer Pfeffer aus der Mühle | frisch geriebene Muskatnuss | Cayennepfeffer nach Belieben | Kürbiskernöl

- Den Muskatkürbis schälen, die Kerne und das faserige Innere entfernen, in Würfel schneiden.
- Zwiebeln, Knoblauch und Ingwer schälen und in Würfel schneiden.
- Die Butter in einem Topf zerlassen. Kürbis, Zwiebeln, Knoblauch und Ingwer hinzufügen und anschwitzen. Mit dem Weißwein ablöschen und den Gemüsefond angießen. Etwa 20 Minuten zugedeckt köcheln lassen.
- Die Crème fraîche mit der Sahne verquirlen und einrühren, aufkochen lassen und mit dem Stabmixer pürieren. Mit Salz, Pfeffer, Muskat und Cayennepfeffer würzen.
- Zum Servieren mit einem Klecks Schlagsahne dekorieren und mit Kürbiskernöl beträufeln.

8

Mit Leidenschaft am Herd

Harriet Deris
in der Genuss Akademie Gaggenau in Gaggenau

Adresse
Genuss Akademie Gaggenau
Eisenwerkstraße 11
76571 Gaggenau
Telefon +49 (0) 7225 9 81 67 00
info@genussakademie-gaggenau.de
www.ga-g.de
www.dancing-chef.de

Öffnungszeiten
Catering, Veranstaltungen auf Anfrage, Kochschule nach Terminplan (auf der Website)

Anfahrt
A 5 Ausfahrt Rastatt Nord, auf die B462 Richtung Gaggenau. Weiterfahren bis zum Kreisel, dann die zweite Ausfahrt nehmen. Die nächste Straße rechts fahren, dann die nächste links. Die Genuss Akademie befindet sich am Ende der Straße.

Wer auf ein Studium verzichtet, um Köchin zu werden, muss von Leidenschaft zu Kulinarischem getrieben sein. Harriet Deris hat als Studentin die Liebe zum Kochen entdeckt, und sie ist dabei geblieben. Kochen ist einfach das Schönste für sie – zu Wasser wie zu Land.

Harriet Deris ist kein Weg zu weit, wenn sie Gäste mit ihren Köstlichkeiten verwöhnen darf. Der weiteste führte sie auf zwei Privatjachten. Fast zwei Jahre lang schipperte sie als Küchenchefin auf den Weltmeeren herum. Sie tat das sehr gerne; es war für sie eine spannende Zeit und sie erlebte zufriedene Gäste. »Die Arbeit auf einer Jacht ist anspruchsvoll, für die Nachtschichten musste ich zuerst viel lernen», erzählt die gebürtige Badenerin. »Die Gäste bestellten gern meine Spätzle.« Die Bemerkung entlockt ihr ein glückliches Lächeln. Harriet Deris steht am liebsten am Herd. »Mit beiden Armen bis zu den Ellenbogen in der Mousse au chocolat – und ich bin glücklich«, erklärt sie überzeugend ihre Motivation.

Zwar hatte Harriet Deris nach dem Abitur zuerst ein Praktikum in Modedesign und anschließend in Hamburg ein Informatikstudium begonnen. Sie heuerte gleichzeitig im Hamburger Restaurant Rexrodt an und wurde Servicekraft – jedoch nur, um alsbald in die Küche zu wechseln. Bei der Faszination, die dieses Handwerk auf die junge Frau ausübte, hatte das Studium keine Chance mehr. Es musste einer Kochlehre weichen, die sie dann auch im Rexrodt absolvierte. Ein weiteres Praktikum im Bereich Eventmanagement weckte in Harriet ein Faible für Großveranstaltungen. Sie reüssierte als Showköchin und Managerin großer Events, ja selbst als Fernsehköchin, gründete einen Mietkochservice und bekochte Gäste zu Hause.

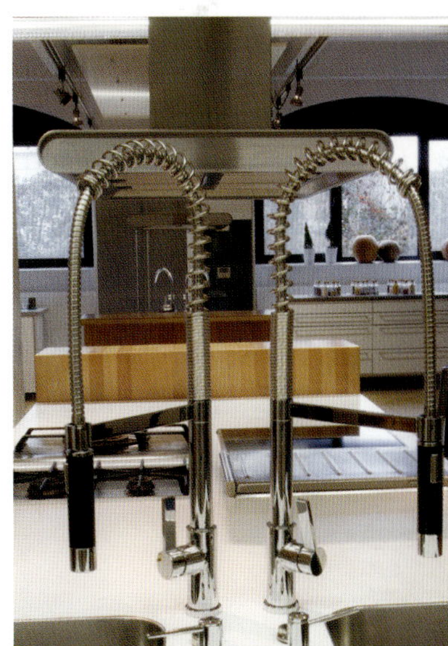

Die Arbeitsplätze für neugierige Kochschüler sind in der Genuss Akademie in exakten Reihen angeordnet.

In einem ehemaligen Fabrikgebäude, einem schönen Klinkerbau, sind die Kücheneinheiten für die Kochkurse untergebracht.

Ehrlich, gesund, schmackhaft und überraschend ist Harriet Deris' Küche. Sie, die immer etwas Schalk im Nacken hat, kocht nicht nur mit Leidenschaft – sie ist auch eine begnadete Kochlehrerin. Ihre Kochkurse sind spannend und unterhaltsam, Themen wie »Hands on! Wir kümmern uns um den ganzen Fisch: Schuppen, Filets und Seemannsgarn« oder »Wir zerlegen ein Wildschwein und verarbeiten alle Teile zu Schmackhaftem« oder »Ärmel hochkrempeln, hier geht's ans Eingemachte!« stehen zur Wahl. Mit ihrer Liebe zum Kochen steckt Harriet Deris alle an, in kürzester Zeit erliegen Schülerinnen und Schüler ihrem sprühenden Charme.

»Es ist einfach so, dass ich das am liebsten mache«, sagt sie. Zwar weiß sie, wie wichtig es ist, dass sie auf einer gründlichen Ausbildung aufgebaut hat und daher immer genau weiß, wovon sie spricht. Sie lässt sich aber auch von Ideen und ihrer Intuition leiten. In der Genuss Akademie Gaggenau, kein Restaurant im herkömmlichen Sinne, kommen alle ihre Talente zum Tragen. Hier finden regelmäßig Kochkurse, Firmen- und Teamevents sowie private Feiern statt. »Wir sind eine reine Weiberwirtschaft«, sagt »Maîtresse de Cuisine« Harriet Deris und verweist auf ihre fünf Kolleginnen in der Genuss Akademie, die sie gemeinsam seit 2011 rocken.

In ihrem ganzen Berufsleben stand auch Harriet Deris ständig vor dem Problem, das eigentlich alle Köchinnen haben: Wie kann man sich in einer Küche funktionell kleiden und dabei trotzdem noch gut aussehen? Die Frage beantwortete sie mit der Gründung des Labels »dancing chef«. Harriet Deris entwirft »Designklamotten« für die Küche und lässt die Stücke auch in Deutschland herstellen. Sie sind aus hochfunktionalen Stoffen gemacht und können auf Maß bestellt werden; sie sind jung, ausgefallen, frech und auffällig, lassen aber in Sachen Küchen- und Gastraumtauglichkeit nichts zu wünschen übrig. Ihrem Modepraktium sei Dank! Mit Charme, Witz und cleveren Ideen verhilft sie ihren Berufsgenossen zu Eleganz und Wohlfühlkleidung.

Mit dem gleichen Elan, mit dem sie ausgefallene Gerichte auf hoher See auf die Teller zaubert, bereitet Harriet Deris köstliche badische Spezialitäten zu oder setzt ihr ganzes Wissen und ihre Ideen in superleichte, aber aromatische Gaumenkitzler um. Dabei überzeugt sie auch bei großen bis sehr großen Veranstaltungen und verlässt die Küchenbrücke erst, wenn der letzte Gast zufrieden von dannen gezogen ist.

Ausflugstipp: Flößermuseum und Unimogmuseum

Das wildromantische Murgtal eignet sich hervorragend für Wanderungen. Eine ganz besondere Art des Vorwärtskommens zeigt das Museum Haus Kast. Wasser, Holz und Leben. Im ältesten Steingebäude des Murgtales wird an die Tradition der Flößerei, der Waldwirtschaft und der Jagd erinnert. Jeweils im September kann man beim Altstadtfest Gernsbach eine Floßfahrt auf der Murg erleben. Etwas rasanter kommt man im Unimog voran – auszuprobieren im Unimog-Museum in Gaggenau, das neben Fahrtraining auch viele spannende Veranstaltungen und Informationen bietet. Informationen: www.murgtal.org, www.unimog-museum.com

Langer Pfeffer, auch Stangenpfeffer genannt, ist eine Pfefferart, die zumeist nur in der asiatischen und marokkanischen Küche verwendet wird. Er ist sehr scharf, zeichnet sich aber durch einen süßlichen Geschmack aus. Am besten verwendet man ihn, indem man ihn direkt über die Speisen mahlt.

Flusskrebssalat mit Orange und Radicchio

Für 4 Personen

200 g Flusskrebsfleisch in Lake | 100 g Chorizo | 2 Stangen Bleichsellerie | 3 Lauchzwiebeln | 5–7 Blätter Radicchio | Zesten ½ Bioorange | Mark ½ Vanilleschote | Salz | Langer Pfeffer | 4–5 EL Passionsfruchtessig | 3–5 EL Olivenöl (Ligurien) | einige Basilikumblätter | 4 Kirschtomaten

- Das Flusskrebsfleisch abtropfen lassen und in eine Salatschüssel geben.
- Die Chorizo häuten und in kleine Würfel schneiden. In einer Pfanne rösch anbraten.
- Den Sellerie und die Lauchzwiebeln waschen und in Würfel bzw. Ringe schneiden. Chorizo, Sellerie und Lauchzwiebeln mit dem Krebsfleisch vermengen.
- Die Orangenzesten und das Vanillemark hinzufügen und mit Salz und Langem Pfeffer würzen.
- Den Salat behutsam mit dem Essig und dem Olivenöl vermengen und mit in Streifen geschnittenem Basilikum und halbierten Kirschtomaten dekorieren.

9

Wo der Schwarzwald am schönsten ist

Die LandFrauenWirtschaft: Walburga Rombach, Bettina Gronewald und die Landfrauen im Café Goldene Krone in St. Märgen

Das Landfrauencafé Goldene Krone ist die sympathische Art, ein altes Gemäuer zu neuem Leben zu erwecken. Und wer die hausgemachten Kuchen einmal probiert hat, kommt immer wieder hierher.

Das imposante Gebäude im Herzen des kleinen Schwarzwaldorts St. Märgen übt eine starke Anziehungskraft für Besucher aus nah und fern aus. Das Café im Erdgeschoss ist ein Hort zufriedenen Sich-Wohlfühlens und erfreut sich größter Beliebtheit. Vom Bodensee und aus Stuttgart und Freiburg kommen die Wanderer, im Winter kehren auch die müden Langläufer in der Goldenen Krone ein. Das ist kein Wunder, denn »zwischen Breitnau und St. Peter ist der Schwarzwald am schönsten«, sagt Walburga Rombach, wie fast alle hier eine Einheimische.

Bevor das Haus von einer Gruppe Interessierter vor dem Abriss gerettet wurde, lag eine bewegte Geschichte hinter ihm. Erbaut wurde es um 1700, um hungrigen Pilgern, die sich vom Besuch des Klosters Mariazell auf der anderen Straßenseite Seelenheil versprachen, eine warme Suppe ausschenken zu können. Zu Beginn des 20. Jahrhunderts entstand in dem mit Jugendstilelementen aufgehübschten Haus ein Hotel für die »bessere« Kundschaft. Als eines der ersten Häuser im Schwarzwald bot es nicht bäuerliches Essen, sondern feine, gehobene Küche an. Eine Generation später war der Zauber verflogen. Die Erben hatten kein Interesse daran, das Haus stand leer und verfiel zusehends. Das mochten die Leute im Ort nicht länger mit ansehen. Mit viel Energie, Eigeninitiative, Geld und politischer Unterstützung entstand die Goldene Krone im Erdgeschoss, darüber sind Wohnungen untergebracht. Was vom Haus zu retten war, wurde gerettet und sanft renoviert.

Adresse
Café Goldene Krone
Wagensteigstraße 10
79274 St.Märgen
Telefon +49 (0) 7669 9 39 99 88
cafe@cafe-goldene-krone.de
www.cafe-goldene-krone.de

Öffnungszeiten
Mi–Fr, So 12–18 Uhr
Sa 14–18 Uhr

Anfahrt
Von Freiburg oder Titisee-Neustadt auf der L128 nach St. Märgen. Dort wird die Straße zur Wagensteigstraße. Das Café ist gegenüber des Klosters.
Bus Nr. 7216 von Freiburg, Nr. 7261 über Thurner/Neustadt und Nr. 221 ab Buchenbach/Himmelreich, Haltestelle Post direkt vor dem Café.

Die ehemalige Pilgerherberge Goldene Krone befindet sich gegenüber dem Kloster St. Märgen.

Ob auf dem Sofa oder an den Holztischen – in den hervorragend restaurierten Räumen des Landfrauencafés sitzen die Gäste gerne zusammen. An sonnigen Tagen lockt der Garten vor dem Haus.

Seit 2012 betreibt nun eine Genossenschaft unter der Leitung von Walburga Rombach, Erzieherin und Mutter dreier erwachsener Kinder, und ihrer Stellvertreterin Bettina Gronewald das Landfrauencafé. Die Idee, für Frauen im Dorf einen sicheren Arbeitsplatz zu schaffen, entstand schon nach Bauende. Das Café wurde zunächst von Beate Waldera-Kynast betrieben, ehe eine breit abgestützte Genossenschaft entstand. Nach dem Motto »Gemeinsam sind wir stark« haben sich die Mitglieder der Genossenschaft, die aus Mitarbeiterinnen, Familienmitgliedern, Lieferanten und Gästen besteht, zusammengetan und sich zum Ziel gesetzt, mit dem Café etwas zu schaffen, das vielleicht in dieser Art noch nie da war. Heute ist das Café Goldene Krone als nicht unbedingt gewinnorientiertes Unternehmen in dem kleinen Ort tief verankert.

»Den Titel ›Weiberwirtschaft‹ hat man für uns immer wieder parat«, erzählt Walburga Rombach lachend. Kein Wunder, arbeiten hier doch ausschließlich Frauen aus dem Dorf, alle in Teilzeit und allesamt keine Profis. »Das, was sie verdienen, soll ein zusätzliches finanzielles Standbein für die Frauen sein«, sagt Bettina Gronewald. In der Küche wird gearbeitet wie zu Hause, viele der Rezepte für die Kuchen, die herzhaften Quiches, die Suppen und Salate stammen aus dem Fundus der Landfrauen. Immer kommt auf den

Der Blick in die Kuchentheke ist geradezu verführerisch. Ein Platz an einem der Fenster ist wegen des schönen Ausblicks begehrt.

Tisch, was gerade Saison hat. Besonders gerne wird der »Käsemichl« bestellt, ein herzhaftes und – ja – patentiertes Gericht. »Der persönliche Kontakt zu unseren Gästen ist uns wichtiger als Perfektionismus im Service, was von unseren Gästen sehr geschätzt wird», sagt Walburga Rombach.

Eingekauft wird in der nächsten Umgebung, auf den Bauernhöfen und den Geschäften im Ort. Das Konzept ist ein Gegenentwurf zur heute vorherrschenden Lebensmittelindustrie. Man möchte all das anbieten, was in der Region verankert ist, was seit Generationen gewachsen ist und produziert wird.

Von Oktober bis April bitten die Frauen zum ausgedehnten Sonntagsfrühstück. Natürlich kommen auch hier alle Zutaten aus den nächstgelegenen Dörfern, die Gäste dagegen bisweilen von weit her. »Ohne Reservierung bekommt man keinen Platz«, sagt Bettina Gronewald. Auch sie ist Mutter zweier erwachsener Kinder. Sie stammt aus Norddeutschland und ist eigentlich von Beruf medizinisch-technische Assistentin. Sie kam zuerst als Gast hierher, und weil es ihr so gut gefallen hat, ist sie einfach geblieben. »Für unsere Arbeit an diesem Projekt ist Teamgeist und Zusammenhalt sehr wichtig. Die Planung und Einteilung der Arbeitszeit bedarf einer Menge Fingerspitzengefühl«, sagt sie.

Die Goldene Krone wartet mit ein paar kleinen Besonderheiten auf. Es gibt keine Cola oder andere Industriebrause. Ausgeschenkt werden auf einem Bauernhof hergestellte Limonaden, die Pfefferminzlimonade kommt sogar aus der Kronen-Küche. Nirgends prangt ein Brauereischild. Ein winziger Laden bietet die wahren kulinarischen Schwarzwaldschätze zum Verkauf an: Limonaden, Liköre, Schnäpse, Honig, Bioeier, Teigwaren und Fruchtaufstriche, entweder aus hauseigener Produktion oder von sorgfältig ausgewählten Lieferanten.

Ausflugstipp: Klostermuseum und Kloster St. Märgen

Gegenüber der Goldenen Krone steht das säkularisierte Kloster St. Märgen. Das imposante Augustiner-Chorherrenstift, 1118 erbaut, hat eine eindrucksvolle Kirche. Das Museum nebenan beherbergt Dauerausstellungen zu den Themen Landschaft, Kunst und Uhrengeschichte des Schwarzwalds. Immer einen Ausflug wert ist das Deutsche Uhrenmuseum in Furtwangen.
Informationen: www.kloster-museum.de
www.deutsches-uhrenmuseum.de

Kohlrabi-Quiche mit Schinken

Für eine Form mit 26 cm Durchmesser

Für den Teig: 200 g Mehl | 2 EL Pflanzenöl + Öl zum Bestreichen | 1 Eigelb | 100 ml Wasser | Salz

Für die Füllung: 2–3 Kohlrabiknollen | 3 Scheiben Kochschinken, etwas dicker geschnitten | 3 Eier | 300 g Sahne | 2 EL Sauerrahm | gekörnte vegetarische Brühe | Kräutersalz | schwarzer Pfeffer aus der Mühle | 50 g frisch geriebener Biobergkäse

■ Die Zutaten für den Teig zuerst mit den Knethaken des Handrührgeräts, dann mit den Händen rasch zu einem glatten Teig verkneten, zu einer Kugel formen und in Frischhaltefolie gewickelt für mindestens 30 Minuten kalt stellen. Anschließend auf einer leicht bemehlten Arbeitsfläche ausrollen, in die Form geben und mit Öl bestreichen.

■ Den Backofen auf 200 °C vorheizen.

■ Die Kohlrabi schälen und in Stifte schneiden. Den Schinken in kleine Würfel schneiden. Beides miteinander vermengen und auf dem Teigboden verteilen.

■ Eier, Sahne, Sauerrahm und Brühe miteinander vermengen und mit Salz und Pfeffer würzen. Den Käse hinzufügen. Die Masse mit dem Stabmixer verrühren und über die Kohlrabi-Schinken-Würfel geben.

■ Die Form in den heißen Ofen geben und die Quiche 30 Minuten goldbraun backen.

Schwarzwälder Kirschtorte

Für eine Springform mit 28 cm Durchmesser

Für den Biskuitteig: 7 Eier | 280 g Zucker | 200 g Mehl | 150 g Speisestärke | 1 EL Kakao

Zum Tränken der Kuchenböden: zirka 200 ml Kirschwasser

Für die Füllung: 750 g Sauerkirschen (Glas) | 2 EL Zucker | 50 ml Kirschwasser | 2 EL Speisestärke | 1 kg Sahne

Zum Dekorieren: dunkle Blockschokolade, steif geschlagene Sahne, Sauerkirschen

- Den Backofen auf 200 °C vorheizen.
- Die Eier trennen und das Eiweiß zu steifem Schnee schlagen. Den Zucker einrieseln lassen. Die Eigelbe unterrühren.
- Das Mehl sieben, zusammen mit der Speisestärke und dem Kakao auf die Eiermasse geben und vorsichtig unterheben. In eine mit Backpapier ausgelegte Form füllen, glatt streichen und im heißen Ofen 45 Minuten backen. Anschließend die Form aus dem Ofen nehmen und den Kuchen in der Form auskühlen lassen.
- Den ausgekühlten Kuchen zweimal quer durschneiden. Jeden Boden reichlich mit Kirschwasser tränken.
- Für die Füllung die Kirschen abtropfen lassen und auf dem ersten Boden verteilen (einige für die Dekoration aufheben).
- Den Kirschsaft mit dem Zucker und dem Kirschwasser zum Kochen bringen. Die Speisestärke mit etwas Wasser anrühren und hinzufügen. Etwa zwei Drittel der Masse gleichmäßig über die Kirschen streichen. Mit dem zweiten Boden zudecken. Den Rest auf den zweiten Boden streichen. 30 Minuten auskühlen lassen.
- Die Sahne steif schlagen und auf den zweiten Boden streichen. Mit dem dritten Boden zudecken. Den Rest auf die fertige Torte verteilen und glatt streichen.
- Mit gehobelter dunkler Blockschokolade, Sahnerosetten und Kirschen dekorieren.

10

Vom Glück anzukommen

Nadine Rieger
im Landhotel Grüner Baum in Badenweiler-Sehringen

Adresse
Landhotel Grüner Baum
Sehringer Straße 19
79410 Badenweiler-Sehringen
Telefon +49 (0) 7632 74 11
kontakt@landhotel-gruener-baum.de
www.landhotel-gruener-baum.de

Öffnungszeiten
Di–So 12–24 Uhr, warme Küche 12–14 Uhr und 18–21 Uhr, kalte Gerichte durchgehend

Anfahrt
Von Badenweiler auf der Blauen Straße, dann auf der Kanderner Straße bis zur L 132, anschließend links auf die Sehringer Straße abbiegen. Das Landhotel befindet sich links an der Straße.

Das Landhotel Grüner Baum hat eine neue Wirtin. Nach Umwegen über die Malediven, Dubai und das Tessin ist Nadine Rieger wieder zu Hause angekommen: in ihrem Traumhaus mitten in der deutschen Toskana.

Man lässt die flanierenden Kurgäste in Badenweiler hinter sich, fährt noch ein paar enge Kurven bergwärts durch die sattgrüne Landschaft des Markgräfler Landes und erblickt dann im Ortsteil Sehringen am Fuß des Blauen den Grünen Baum. »Ich liebe dieses Haus«, sagt Nadine Rieger freudestrahlend. Seit Juli 2013 ist sie stolze Besitzerin des Hauses aus dem 18. Jahrhundert.

Das ist kein Zufall. Denn Nadine Rieger, die aus dem benachbarten Britzingen stammt, wollte nach einer äußerst beeindruckenden Begegnung mit einem Hoteldirektor in einem karibischen Urlaubshotel selber »Hoteldirektor« werden. Da war sie gerade mal zwölf Jahre alt. Und ihr Entschluss stand seitdem unerschütterlich fest. Der Vater riet ihr zu einem Praktikum. Das machte sie im Waldhotel in Bad Sulzburg, wo sie später auch ihre Ausbildung zur Hotelfachfrau absolvierte.

Noch aber lagen ein paar Jährchen vor dem Lebensziel der jungen Frau. Sie verbrachte sie in der exklusiven Hotellerie. Zwei Jahre lang war das Banyan Tree auf den Malediven ihr Zuhause und ihre Wirkungsstätte. Darauf folgten Engagements in Dubai, im Ritz Carlton in Wolfsburg, bei Hilton International in der Schweiz und zuletzt bei der Tschuggen Hotel Group an den Traumdestinationen Ascona, Arosa und St. Moritz. Nadine Rieger war jeweils als Sales- und Marketingmanagerin tätig und organisierte daneben auch Hochzeiten, riesige Veranstaltungen und Feierlichkeiten aller Art, alles sozusagen im Großformat.

Nadine Rieger erweckte das kleine, feine Landhotel Grüner Baum zu neuem Leben.

In gemütlichen und stilvollen Nischen speist man gut badisch.

Als die Eltern Manja und Bruno Rieger der Tochter kurz vor einem neuen Engagement in Tripolis erzählten, dass der Grüne Baum zum Verkauf stünde, war es um die Weltenbummlerin geschehen. Denn genau dieses Haus wollte sie zu neuem Leben erwecken. Von Zögern keine Spur! Zwei Wochen nach dem Gespräch wechselte das Haus, zuvor ununterbrochen im Besitz derselben Familie, die Eigentümer. Mit viel Schwung und Energie machten sich nun die Riegers ans Entstauben, Renovieren und Sanieren. Heute lädt der Grüne Baum zum gemütlichen Plausch unter den alten Bäumen ein, die Vogesen und das Rheintal im Blick, oder man sitzt drinnen am warmen Kachelofen. »Jeden Tag trage ich mein Teil dazu bei, damit sich unsere Gäste rundum wohlfühlen«, sagt Nadine Rieger. Und sie fährt fort: »Um in diesem Beruf erfolgreich zu sein, braucht es Leidenschaft. Es gibt keinen vergleichbaren Job, der einen in seiner Ganzheit so sehr erfasst und fordert wie der des Gastronomen. Jeden Tag Menschen glücklich zu machen, ist unsere Aufgabe.«

Genauso sanft, wie das ehrwürdige Gemäuer aufgefrischt wurde, erfolgten die Änderungen auf der Karte. Im Grünen Baum kann man immer noch sein »Viertele« trinken, ein Vesper essen oder einen Eisbecher genießen. Und man bekommt feine, hausgemachte badische Gerichte serviert. Für alle ist gesorgt, auch für Veganer, Vegetarier und Allergiker. Tradition ist Nadine Rieger wichtig, beim Essen genauso wie beim Gastgeben: »Beide dürfen aber

durchaus modern interpretiert sein«, sagt sie. Im Weinkeller liegen ausschließlich Tropfen der ganz nahen Umgebung. Das Bioweingut Philipp Rieger – der Name verrät's, auch in Familienhand – ist vertreten, aber auch die Winzergenossenschaft Britzingen, Wolfgang Löffler aus Staufen-Wettelbrunn und das Weingut Lämmlin-Schindler aus Mauchen. Die Küche arbeitet zur Hauptsache mit Zutaten, die im hauseigenen Garten gedeihen, in jedem Fall aber nur kurze Wege hinter sich haben und denen die Wirtin vertraut. Die leidenschaftliche Köchin ist eine ebenso leidenschaftliche Bäckerin. Die Mini-Gugelhupfe, die zum Kaffee gereicht werden, bäckt sie selbst.

In den 18 Zimmern, die das Landhotel bereithält, beherbergt Nadine Rieger Gäste aus Deutschland, Holland, der Schweiz und sogar aus England. Sie ist angekommen im Grünen Baum, nun kommt die Welt zu ihr.

Zum Tête-à-tête setzt man sich an den Kachelofen und genießt die schöne Atmosphäre.

Ausflugstipp: Römische Badruine Badenweiler

Die heilenden Wasser der Oberrheinebene wussten schon die alten Römer zu schätzen. Das Badehaus bildete vom 1. bis 3. Jahrhundert den Kern der römischen Siedlung im heutigen Badenweiler, bewacht von der Göttin Diana Abnoba, der Göttin des Schwarzwalds. Gebadet wurde nach Geschlechtern getrennt und nach allen Regeln des römischen Badelebens. Es gab heiße und kalte Bäder, Duschen, Schwitzkuren, Massagen, Gymnastik und Ruhephasen. Eine außergewöhnliche Glasarchitektur schützt heute die wohl am besten erhaltene Badruine nördlich der Alpen.
Informationen: www.badruine-badenweiler.de

Herzhafte Rinderrouladen

Für 4 Personen

Für die Rinderrouladen: 4 schöne Rindfleischscheiben | Salz | schwarzer Pfeffer aus der Mühle | 4 EL mittelscharfer Senf | 100 g Schwarzwälder Speck, angebraten | 2 Zwiebeln, geschält und fein gehackt | 2 Essiggurken, der Länge nach in Scheiben geschnitten | 1 EL Butterschmalz | Paprikapulver, edelsüß | 300 g Wurzelgemüse, bestehend aus Karotten, Sellerie, Petersilienwurzel, klein geschnitten | 1 EL Tomatenmark | 250 ml Rinderbrühe | 500 ml kräftiger Rotwein | 2 Lorbeerblätter | 1 EL Wacholderbeeren | 1 Rosmarinzweig

Für das Kartoffelpüree: 800 g mehligkochende Kartoffeln | 150 ml Vollmilch | 20 g Sahne | 2 EL Butter | Salz | frisch geriebene Muskatnuss

Für das Gemüse: 2–3 Karotten | 16 Rosenkohlröschen | Zucker | 1–2 EL Butter

■ Die Rindfleischscheiben mit Salz und Pfeffer würzen. Auf einer Seite dünn mit Senf bestreichen und mit Speck, Zwiebeln und den Essiggurken belegen. Die Fleischscheiben aufrollen und mit Rouladennadeln feststecken.

■ Das Butterschmalz in einem Bräter erhitzen und die Rouladen rundum kräftig anbraten. Mit Salz, Pfeffer und Paprikapulver würzen. Anschließend die Rouladen herausnehmen und beiseitelegen.

■ Für die Sauce das Wurzelgemüse mit etwas Tomatenmark im selben Bräter anbraten.

■ Anschließend mit der Brühe und dem Wein ablöschen. Die Rouladen zusammen mit Lorbeerblättern, Wacholderbeeren und dem Rosmarinzweig zurück in den Bräter legen und alles zusammen 1–1 ½ Stunden köcheln lassen.

■ Die Rouladen, Lorbeerblätter und den Rosmarinzweig aus dem Bräter nehmen und das Gemüse durch ein Sieb passieren. Die Sauce kräftig abschmecken und nach Belieben etwas reduzieren.

■ Die Kartoffeln schälen und in grobe Würfel schneiden. In Salzwasser 25 Minuten zugedeckt weich kochen. Die Kartoffeln abgießen und ausdampfen lassen. Die Milch und die Sahne in einem Topf erhitzen, die Butter darin schmelzen lassen. Die Kartoffeln zweimal durch die Kartoffelpresse drücken. Die Milchmischung zugeben, mit Salz und Muskat würzen und mit dem Schneebesen cremig aufschlagen. Experimentierfreudige rühren noch frisch geriebenen Meerrettich oder ein Stück weich gekochte Sellerieknolle ein.

■ Die Karotten schälen und in Scheiben schneiden. Den Rosenkohl putzen, dabei die äußeren Blätter entfernen sowie den Strunk entfernen und die Röschen waschen. Salzwasser zum Kochen bringen und das Gemüse bissfest kochen. Abgießen und sofort in Eiswasser abkühlen lassen. In ein Sieb geben und abtropfen lassen. Anschließend das Gemüse mit etwas Zucker und Butter in einer Pfanne durchschwenken.

Zwetschgenkuchen

Für eine Springform mit 28 cm Durchmesser
Für den Kuchen: 100 g Zucker | 200 g kalte Butter | 200 g Mehl | 100 g gemahlene Mandeln | 1 Ei | Salz | 1 Päckchen Vanillezucker | abgeriebene Schale 1 Biozitrone | 2 Blätterteigscheiben
Für den Belag: 1,5 kg Zwetschgen | Zucker | Zimtpulver
Für die Streusel: 100 g Zucker | 100 g Butter | 200 g Mehl
Außerdem: Butter für die Form

■ Den Backofen auf 180 °C vorheizen.
■ Für den Kuchen die genannten Zutaten mit Ausnahme der Blätterteigscheiben zu einem Teig verarbeiten, zu einer Kugel formen und 1 Stunde im Kühlschrank ruhen lassen.
■ Die Zwetschgen entsteinen, leicht mit Zucker bestreuen und mit etwas Zimt mischen.
■ Die Form mit der Butter ausstreichen und die erste Lage des Kuchens (Boden und Rand) mit dem Blätterteig auslegen. Anschließend den Mürbeteig aus dem Kühlschrank nehmen und ausrollen. Mit den Zwetschgen belegen.
■ Für die Streusel die genannten Zutaten mit den Knethaken des Handrührgeräts vermengen und über die Zwetschgen verteilen.
■ Den Kuchen im heißen Ofen 45 Minuten backen.

11

Für ein Lächeln

Michaela Wanner
in der Kleinigkeit – Essen und Trinken in Stuttgart

Adresse
Kleinigkeit – Essen und Trinken
Neue Weinsteige 8
70180 Stuttgart
Telefon +49 (0) 711 41 14 44 25
info@kleinigkeit.eu
www.kleinigkeit.eu

Öffnungszeiten
Mo 10–14 Uhr
Di–Fr 10–22 Uhr
Sa 9–22 Uhr
So und Feiertage 9–14 Uhr

Anfahrt
Das Restaurant befindet sich im Heusteigviertel im Süden Stuttgarts. Zufahrt vom Heslacher Tunnel über die Fielder- und Olgastraße, von der man dann scharf rechts in die Neue Weinsteige einbiegt.

Mit Herz und Verstand kocht sich Michaela Wanner im Stuttgarter Süden in die Herzen eines ganzes Viertels. In ihrer Kleinigkeit kommt jeder Gast auf seine Kosten und macht damit auch die Wirtin glücklich.

Klein ist Michaela Wanners Lokal nicht. Zum Frühstück oder Mittagessen gibt es an langen Tischen 36 Sitzplätze, im Sommer ebenso viele im lauschigen Innenhofgärtchen. Weil die Köchin und Wirtin auf jede Kleinigkeit achtet, sind die Tische in unterschiedlichen Farben eingedeckt, was wunderbar zu den weißen Wänden und Möbeln passt. Hell, dank der großen Fenster, luftig, dank des hohen Raums, und stylisch, dank des individuellen Interieurs, ist die Kleinigkeit in kurzer Zeit zum Treffpunkt des ganzen Viertels geworden, eines alten, gewachsenen und homogenen Stadtteils Stuttgarts. Es geht hier familiär zu; da wird mal ein Schlüssel beim Nachbarn deponiert oder ein Kind für ein Stündchen zum Hüten »abgegeben«.

»Wir haben tolle Stammgäste, von der 92-jährigen Rentnerin bis zur jungen Mutter«, erzählt Michaela Wanner. Und das ist gut so, denn genau auf diese Mischung hatte sie sich gefreut, als sie ihren Lebenstraum vom eigenen Restaurant verwirklichte. Eigentlich hätte es zunächst ein Frühstückslokal werden sollen. Dann kam im Businessplan der Mittagstisch dazu und schließlich das Abendessen und die Veranstaltungen. Auf diesen vier Säulen ruht die Kleinigkeit, und jede hat ihre ganz eigene Dynamik entwickelt. Der Morgen gehört dem Zischen der »Cimbali« und am Wochenende dem internationalen Frühstücksbüfett, Reservieren empfohlen! Mittags gehört das Lokal dem gemischten Publikum aus dem Viertel, das sich mit feiner Hausmannskost stärkt. Mit ausgesuchten frischen Zutaten bereitet Michaela Wanner ihre abendlichen Gerichte vor. »Ich koche alles frisch, es ist alles hausgemacht –

Auf Michaela Wanners großer Liebe zum Detail beruht der Name »Kleinigkeit«.

außer der Trüffelbutter für meine Trüffelnudeln«, sagt sie. Von der Standardkarte nehmen darf sie diese niemals, denn dann würden die Gäste rebellieren.

Gekocht hat die im Schwäbischen aufgewachsene Tochter einer Serbin und eines Berliners schon immer gerne, zunächst als Internatszögling, weil das Essen dort einfach zu schlecht war, später in Paris und London als Studentin der internationalen Betriebswirtschaft, weil die Städte so teuer, die Produkte aber so verlockend waren. Außerdem kam bei Muttern nie etwas Vorgefertigtes auf den Teller; in der Großfamilie wurde schon immer gerne und viel gekocht. Michaela Wanners Karriere führte sie in einen großen Telekommunikationsbetrieb, wo sie schon bald den Eventbereich verantwortete und sich den Ruf einhandelte: Die achtet auf jede Kleinigkeit! Auf Reisen rund um den Globus wurde ihr klar, was in Stuttgart wirklich fehlte: Frühstück, das diesen Namen verdient – international, fantasievoll, etwas, wofür man sich Zeit nimmt. Bei den großen Veranstaltungen, die sie verantwortete, wurde ihr auch klar, was ihr eigentlich zunehmend mehr bedeutete als ein Blumenstrauß: das Lächeln der Gäste als Dankeschön.

Starke Farbakzente prägen das lichtdurchflutete Lokal. Alles ist von der Wirtin selber entworfen und gestaltet.

Sieben Mitarbeiter sorgen heute in der Kleinigkeit für einen reibungslosen Service. Zum Start 2010 hatte Michaela Wanner zusätzlich Köche eingestellt, aber schnell gemerkt, dass sie damit nicht die Resultate bekommt, die sie gerne hätte. Sie, die kochen kann, tauschte kurzerhand die Servierschürze mit der Kochjacke. »Eine ganze Woche lang habe ich zum Beispiel am Trüffel-Nudel-Rezept getüftelt, bis es genau so schmeckte, wie ich mir das vorgestellt hatte«, erzählt sie lachend, »so mach ich das mit allen meinen

Rezepten. Ausdenken, ausprobieren, servieren …«

Mittags hilft ihr Schwiegervater in der Küche, der Lebensgefährte, eigentlich auf dem Bau beschäftigt, opfert seine freien Wochenenden dem Frühstücksservice seiner Michaela. Ab und zu veranstaltet sie mit einem befreundeten Koch ein »Fine Dining«-Wochenende, oder es finden in der Kleinigkeit sogenannte »Kleider-Swap«-Partys statt – tauschen statt kaufen. Das hat sie in London kennengelernt und bringt es jetzt den Stuttgartern nahe.

Veranstaltungen, für die Michaela Wanner die ganze Möblierung – multifunktional dank durchdachter Planung – mit wenigen Handgriffen verändern kann, sind ihr genauso eine Herzensangelegenheit wie die Vernissagen, für die sie ab und zu ihre schneeweißen Wände zur Verfügung stellt.

»Regional und saisonal sind meine Zutaten, international die Ideen und eher ungewöhnlich meine Zusammenstellungen«, beschreibt Michaela Wanner ihre Küche. Sie serviert zum Beispiel Rinderhüftsteak mit Currytagliatelle und mediterranem Gemüse. Was auf den ersten Blick nicht zusammenpasst, ist ein Highlight. »Ich bin der Gegenentwurf zur Systemgastronomie – hier wird individuell gekocht, und ich möchte meine Gäste immer wieder aufs Neue überraschen«, erklärt sie.

Ihre rar gewordene Freizeit nutzt Michaela Wanner auch konsequent für ihren »Laden«. Sie reist in Weinanbaugebiete, zu Weinhändlern und dem einen oder anderen Produzenten, testet, kostet, probiert und kauft ein. Oder sie stellt Blumensträuße für die Tische zusammen, bepflanzt den Innenhof neu und streicht die Möbel in passenden Farben für die neue Saison. All diese »Kleinigkeiten« sind ihr wichtig. Ihre Gäste lieben sie dafür.

Je nach Tageszeit wechselt in der Kleinigkeit die Stimmung, die Speise- und Getränkekarte ebenso wie die Besucher, von denen viele inzwischen treue Stammgäste geworden sind.

Ausflugstipp: Staatsgalerie Stuttgart

Die Sonder- und Dauerausstellungen in der Stuttgarter Staatsgalerie machen sie zu einem Museum von europäischem Rang und einem der meistbesuchten in Deutschland. Die spektakuläre postmoderne Architektur und die großartigen Kunstschätze, die hier ausgestellt sind – Rembrandt, Rubens, Carpaccio, Vasari, Panini und Canaletto, Albrecht Dürer und Lucas Cranach – sind jederzeit einen Besuch wert.
Informationen: www.staatsgalerie.de

Bavette in Trüffelbutter

Für 4 Personen

Für die Sauce: 2 EL Butterschmalz | 1 Zwiebel oder 4 Schalotten, geschält und fein gehackt | 250 ml Weißwein | 250 ml Gemüsebrühe | 1 EL Aceto balsamico bianco | 1 TL Salz | 1 TL weißer Pfeffer aus der Mühle | 1 Msp. Cayennepfeffer | 150 g Butter | 200 g Sahne

Außerdem: 500 g Bavette | 4 EL Trüffelbutter | Blättchen von 8 Thymianzweigen | 30–40 g frisch geriebener Parmesan

■ Das Butterschmalz in einer tiefen Pfanne zerlassen und die Zwiebeln bzw. Schalotten glasig anschwitzen. Mit Weißwein, Gemüsebrühe und Aceto balsamico ablöschen und mit Salz, Pfeffer und Cayennepfeffer würzen. Etwa 10 Minuten köcheln lassen. Dann die Pfanne vom Herd nehmen und 15 Minuten abkühlen lassen. Die Sauce durch ein Sieb streichen. Anschließend die Sauce wieder erhitzen und die Butter sowie die Sahne hinzufügen. Nicht mehr kochen!

■ In der Zwischenzeit reichlich Salzwasser zum Kochen bringen und die Bavette nach Packungsanweisung al dente kochen. Vier Schöpflöffel der Sahnesauce in eine weite Pfanne geben und nochmals erhitzen. Die Trüffelbutter sowie den größten Teil der Thymianblättchen hinzufügen und etwa 3 Minuten köcheln lassen.

■ Nun die Bavette zugeben und sorgfältig mit der Sauce vermengen. Die Bavette in tiefen Tellern anrichten und mit dem Parmesan und dem restlichen Thymian bestreuen.

Warmer Schokoladenkuchen

Für eine Springform mit 24 oder 26 cm Durchmesser
Für den Teig: 250 g Zartbitterschokolade (70 % Kakaogehalt) | 150 g Butter | 250 ml Milch | 4 cl brauner Rum oder Cognac | 6 Eier, Größe L | 200 g Zucker | 150 g Mehl | 3 EL Kakaopulver
Für den Schokoladenguss: 300 g Sahne | 200 g Zartbitterschokolade (70 % Kakaogehalt)

- Den Backofen auf 180 °C vorheizen.
- Für den Teig die Schokolade grob hacken und mit Butter, Milch und Rum bzw. Cognac in einer Schüssel im heißen Wasserbad schmelzen lassen.
- Die Eier und den Zucker mit dem Handrührgerät schaumig schlagen. Das Mehl und das Kakaopulver dazusieben und alles noch einmal kurz durchrühren. Anschließend die warme Schokoladenmasse mit einem Schneebesen unterrühren.
- Den Teig in die mit Backpapier ausgelegte Form füllen und im heißen Ofen etwa 45 Minuten backen.
- Für den Schokoladenguss die Sahne mit der grob gehackten Schokolade in einer Schüssel im Wasserbad erhitzen, glatt rühren und den Kuchen damit bestreichen.

2010
DOLCETTO
DI DIANO D'ALBA

12

Lernen und genießen

Sonja Lenz im Kultweine–Kochwelten–Kunststücke in Stuttgart-Hedelfingen

Adresse
Kultweine–Kochwelten–Kunststücke
Sonja Lenz
Amstetter Straße 38
70329 Stuttgart-Hedelfingen
Telefon +49 (0) 711 6 73 68 13
sonja.lenz@arcor.de
www.sonja-lenz.de

Öffnungszeiten
Di 17–19 Uhr, Do 10–12 Uhr und 17–19 Uhr, Sa 10–13 Uhr; Kochkurse nach Terminplan, Firmenevents nach Absprache

Anfahrt
Von der A 81 oder von Stuttgart kommend der B 10 folgen, Ausfahrt Stuttgart-Hedelfingen nehmen. An der Ampel rechts, an der nächsten großen Kreuzung links in die Amstetter Straße einbiegen. Das Haus befindet sich rechts.

Sonja Lenz kocht leidenschaftlich gern. Mit Freude und einer gehörigen Portion Wissen vermittelt sie in ihrer Kochschule Koch-, Ess- und Trinkkultur. Vorsicht: Ansteckungsgefahr!

In einem unscheinbaren Gebäude aus den 1960er-Jahren im Stuttgarter Neckarvorort Hedelfingen hat sich Sonja Lenz ihr Küchenreich eingerichtet. Was die charmante Frau hier anbietet, ist das Resultat von jahrelangem Lernen, Probieren, Kosten und neugierem Augen-und-Ohren-Offenhalten.

Eine Koch- oder Restaurantausbildung hat die 53-Jährige nicht gemacht. Sie hat sich in dreißig Jahren Berufstätigkeit in einem Versicherungskonzern zur Führungskraft im IT-Bereich hochgearbeitet. Als 2007 der Bereich verkauft wurde, wusste Sonja Lenz, dass es schwer sein würde, in einer ähnlichen Position wieder Fuß zu fassen. Ein Coaching brachte die erlösende, ja entscheidende Idee. Sie hat das Bedürfnis, mit Menschen zu arbeiten, ihnen etwas zu zeigen. Ihr gefällt es, neue Leute kennenzulernen. Sie wollte nun aus ihrer wahren Passion endlich einen Beruf machen.

Sonja Lenz, einst selber treue Kundin einer Kochschule, ist es gelungen, sich in der neuen Umgebung mit Akribie eine Oase des Genusses zu erschaffen. Mit Energie und Fleiß eignete sie sich das Rüstzeug an, um Kochkurse anbieten zu können. Irgendwann fehlte nur noch die geeignete Adresse. Sie wusste, eine Schule ist nicht auf Laufkundschaft angewiesen. Wichtig ist eine gute Verkehrsanbindung. Heute ist sie stolz und froh über ihre inzwischen entstandenen Kontakte zur umliegenden Industrie. Die einstige Eckkneipe hatte alles, was sich die neue Unternehmerin wünschte. Nach ihren eigenen Plänen und Vorstellungen wurde noch ein wenig umgebaut: »Heute ist dieser Raum für mich so eine Art zweites Wohnzimmer«, erklärt Sonja Lenz lächelnd. Neben der klassischen Kochschule bilden Firmenevents, Teambildungsseminare

Der kleine, schicke Laden von Sonja Lenz ist Kochschule, Eventlocation, Weinlokal und Weinladen in einem.

Im kleinen, feinen Weinladen wird das Thema »Kultweine« zelebriert: Das Angebot ist fürwahr handverlesen, und der Verkauf ist so persönlich wie fachkundig. Der lange Holztisch ist das Herzstück der Kochschule.

und Tagungen das zweite Standbein. Bosch, Daimler: Viele der ganz großen Marken haben sich in der Nähe angesiedelt. Und sie nutzen Sonja Lenz' Angebote rege.

»Normale« Kochkurse findet sie besonders spannend. »Man muss sich vorstellen«, sagt sie, »es kommen zehn komplett Fremde und diese gestalten dann gemeinsam einen schönen Abend, das ist faszinierend.« Drei bis fünf Kochkurse wöchentlich stehen auf dem Terminkalender. Dabei gibt es weder Küchen- noch geografische Grenzen. Besteht von den Kunden der Wunsch nach einer speziellen Landesküche, arbeitet sich Sonja Lenz gründlich in das Thema ein und beeindruckt mit ihrem umfangreichen Wissen. Entstanden sind so Kurse für Sushi oder orientalische Küche.

Weil eine kluge Unternehmerin vorbaut, bietet Sonja neben ihren Kochkursen ein vielfältiges und individuelles Catering an. Das wiederum ist der Grund, weshalb ihre Küche mit allen modernen Gerätschaften ausgestattet ist. Um einem weiteren persönlichen Interesse auch beruflich frönen zu können, richtete sich Sonja Lenz im Weinbauort Hedelfingen einen kleinen, feinen Weinladen ein. Die Regale sind mit handverlesenen Produkten bestückt. Was läge da näher, als auch das Wissen um Wein weiterzugeben? Heute finden am langen Holztisch in der geschmackvoll eingerichteten Kochschule auch von kleinen Köstlichkeiten begleitete Weinproben statt.

Ausflugstipp: Neckarhafen und Wilhelma

Anschluss an die große weite Welt hat die Landeshauptstadt dank des Neckarhafens: In 52 Stunden erreichen die Binnenschiffe die Häfen von Rotterdam oder Antwerpen. Der »Neckar-Käpt'n« bietet mit der Hafenlinie ab Neckarhafen eine aussichtsreiche Verbindung zur weltberühmten Wilhelma, dem ehemaligen Privatgarten König Wilhelms I. und heutigen Zoo, an.
Informationen: www.hafenstuttgart.de, www.wilhelma.de

Linsen mit Spätzle und Saiten

Für 4 Personen

Für die Linsen: 1 Karotte | 1 Zwiebel | 50 g Lauch | 50 g Knollensellerie | 2 EL Öl (Sonnenblumen-, Soja- oder Rapsöl) | 250 g getrocknete Mini-Linsen (Alblinsen oder Beluga) | 1 ½ l ungesalzene Fleischbrühe | 1 Leinensäckchen (oder 1 Teebeutel) mit 4 Gewürznelken, 1 Lorbeerblatt und 4 Wacholderbeeren | 150 g geräucherter durchwachsener Speck | 50 g Butter | 2 EL Mehl | Salz | Zucker | 1 TL getrockneter Majoran | 2 EL Rotweinessig | 4 Paar Saitenwürstle

Für die Spätzle: 500 g Mehl (Weizendunst, Spätzlesmehl oder doppelgriffiges Mehl) | 8 Eier | 1 ½ TL Salz | 1–2 EL Pflanzenöl | 2 EL Butter

- Für die Linsen Karotte, Zwiebel, Lauch und Sellerie waschen, gegebenenfalls schälen und in kleine Würfel schneiden.
- Das Öl in einem Topf erhitzen und die Gemüsewürfel anschwitzen. Die Linsen hinzufügen. Die Fleischbrühe angießen und das Leinensäckchen einlegen. 25–30 Minuten köcheln lassen.
- Den Speck in Würfel schneiden, in einer Pfanne ohne Fett auslassen und kurz vor Ende der Garzeit der Linsen hinzufügen. Das Leinensäckchen entfernen.
- Die Butter zerlassen und das Mehl unter Rühren Farbe nehmen lassen. Portionsweise Flüssigkeit von den Linsen hinzufügen und kräftig rühren. Die Masse zu den Linsen geben und mit den Gewürzen und dem Essig herzhaft würzen.
- Die Saitenwürstle in den Topf mit den Linsen einlegen und 5 Minuten ziehen lassen.
- Für die Spätzle Mehl, Eier und Salz miteinander vermengen und mit den Knethaken des Handrührgeräts 10 Minuten zu einem weichen Teig schlagen. 30 Minuten quellen lassen.
- In der Zwischenzeit reichlich Salzwasser zum Kochen bringen und eine Schüssel mit kaltem Wasser bereitstellen.
- 4–5 Esslöffel Teig auf das Spätzlebrett geben und mit dem Schaber auf dem Brett verteilen. In kleinen Portionen direkt in das kochende Wasser schaben. Einmal kräftig aufkochen lassen. Die Spätzle mit einem Schaumlöffel herausheben und in die Schüssel mit kaltem Wasser legen. Abgekühlt in ein Sieb geben und abtropfen lassen. Mit dem Öl vermengen und kühl stellen.
- Zum Servieren die Butter in einer Pfanne zerlassen und die Spätzle erhitzen.

13

Echte Ladies

Jennifer Honnef und Nicole Olma im The Ladies Diner in Esslingen-Zell

Adresse
The Ladies Diner
Alleenstraße 29
73730 Esslingen-Zell
Telefon +49 (0) 711 35 84 09 00
hello@theladies.de
www.theladies.de

Öffnungszeiten
Di–Fr 11.30–14.30 Uhr
(warme Küche bis 14.15 Uhr),
17–22 Uhr (warme Küche
bis 21.30 Uhr),
Sa 11.30–22.30 Uhr
(warme Küche bis 21.30 Uhr)

Anfahrt
B10 von Stuttgart oder Göppingen kommend rechts Richtung Esslingen-Zell, nach der Brücke rechts abbiegen auf die Fritz-Müller-Straße und wieder links in die Alleenstraße.

Mit Herz, Humor und Wortwitz, Stil und ihrer Liebe zu einer längst vergangenen Ära bezaubern Nicole Olma und Jennifer Honnef ihre Gäste. Nicki und Schenni sind anders: Sie sind umwerfend, und sie sind glücklich in ihrem Diner.

Im The Ladies Diner ist alles ein bisschen anders. Da wäre zunächst mal die Anfahrt. Mit den Worten der beiden Frauen liest sich das so: »Alle Wege führen zu uns, man muss sie nur planen.« Vermuten würde man das Lokal mitten im Industriegebiet von Esslingen-Zell allerdings tatsächlich nicht.

Die Sitzbänke sind mit pink- und mintfarbenem Leder bezogen, die Stühle im Stil der Fünfzigerjahre auch. Die Wände zieren Bilder von Johnny Cash und Elvis Presley, stylische Porträts von Schenni und Nicki, Marilyn Monroe und Romy Schneider. In einer Ecke steht eine Jukebox, eine andere schmückt ein Röhrenradio, das Jüngere sicher nicht als solches erkennen würden. Ein Sammelsurium, liebevoll zusammengetragen oder von Gästen geschenkt bekommen. Der »Wintergarten«, ein Zelt, das dem gläsernen Diner vorgelagert ist, dient als Wartezone in der kalten Jahreszeit, im Sommer darf man sich auf die Liegestühle im Gras vor dem Diner legen.

Wer jetzt unter einem Diner eine Imbissbude oder ein Restaurant vermutet, liegt falsch. The Ladies Diner ist ein amerikanisches Lokal, echter geht es nicht. Hier wird frisch gekocht, frittiert und geshaket, vom Frühstück bis zum Abendessen. »Unsere Patties für die Burger machen wir selber – mit Biofleisch aus Schwäbisch Hall«, erklärt Schenni. »Die Würste für unsere Hot Dogs werden im Nachbarort von einem Biohof speziell für uns hergestellt. Unsere Gemüse sind frisch und regional, ebenso alles andere, was wir hier zubereiten«, ergänzt Nicki. Hier werden – das ist für die beiden Freundinnen selbstverständlich – auch Vegetarier und Veganer

Alles frisch im The Ladies Diner: Hier gibt es kein Fast Food, hier gibt es echt amerikanisches Essen.

Die zwei attraktiven Wirtinnen zieren die Speisekarte im The Ladies Diner. Ihre Lieblingsfarben Pink und Mint dominieren die Optik im kleinen Lokal.

glücklich, denn die bekommen eine eigene Karte mit äußerst wohlschmeckendem frischem Essen.

Wem jetzt das Wort »Fast Food« einfällt, liegt wieder völlig falsch. Denn in Jennifer Honnefs und Nicole Olmas Diner ticken die Uhren noch richtig. Wer sich hier etwas von der Karte bestellt, wartet geduldig, bis das Essen fertig ist. »Und mitgenommen wird es auch nicht«, erklärt Schenni, »unser Essen ist nicht für Tüten gemacht.« Gegessen wird am Tisch. Dazu bedarf es ab und zu etwas Geduld, an Samstagabenden zum Beispiel. Dann tragen sich die vielen Hungrigen in ein Buch ein und trinken ein Bierchen, einen Cocktail oder ein Wässerchen, bis ein Tisch frei ist. »Da sind beim Warten schon Freundschaften entstanden«, erzählt Nicki lachend.

Apropos Lachen: Gelacht wird sehr viel im The Ladies Diner. Die Fröhlichkeit der beiden Wirtinnen und ihrer Mitarbeiter – die meisten davon Familienmitglieder – ist ansteckend. »Wir sind eben richtig glücklich hier«, sagt Schenni. Damit ist bereits ein kleiner Teil des Erfolgsgeheimnisses verraten. Mit viel Herz und genauso viel Stil wollen die zwei Jungunternehmerinnen, ausgezeichnet mit einem Gründerpreis des Landes Baden-Württemberg, für sie wichtige Werte weitergeben: familiäres Ambiente, Gemütlichkeit, feines Essen, süße Verführungen, Stimmung und Kommunikation. Und sie wollen natürlich jedem, der beim Stichwort »amerikanisches Essen« sofort die Flucht ergreift, zeigen, dass Vorurteile abgeschafft gehören. Begleitet von der Musik der Fifties, brutzelt Schenni zusammen mit einem Koch und weiteren Hilfen so leckere Sachen wie den »Penny Bun Butter Burger« oder »The Bacinator«, Chili und Vegi Chili oder »Mäx he can HotDog« … Frische Salate gibt's dazu, und als Nachspeise reichen sie Milkshakes oder Brownies. Alles homemade, auch die Saucen, Relishes und die Röstzwiebeln. Monatlich wechselnde Specials denken sich Nicki und Schenni ebenso aus, wie sie alle Rezepte für ihr Essen selber entwickelt haben.

Nicki und Schennis Diner ist nach original amerikanischem Vorbild eingerichtet: Die Gäste sitzen auf lederbezogenen Bänken und Fifties-Stühlen. Aus der Jukebox erklingen Elvis Presley und Johnny Cash.

»Self service« gibt es auch nicht im The Ladies Diner. Nicki und ihre Mädels servieren. Stilecht kommt das Essen in roten Plastikkörben auf die Tische. Essen darf man alles, was zwischen zwei Brothälften steckt, mit den Händen. Das ist nicht nur sinnlich, das ist auch »very American«.

Wem spätestens jetzt das Stichwort »Systemgastronomie« einfällt, liegt zum Glück schon wieder komplett falsch. Jennifer Honnefs Lehrberuf war Arzthelferin, und Nicole Olma ist Bankkauffrau. Sie sind demnach keine ausgebildeten Gastronomen. Sie lernten sich auf einem Rockabilly-Konzert kennen und sind seither unzertrennliche Freundinnen. »Wir haben lange von so einem Diner geträumt«, erzählt Schenni. Der Weg dahin war zwar etwas steiniger als der Weg, den ihre Gäste heute nehmen müssen, »aber wir hatten viel Unterstützung und eine Bank, die an unser Konzept geglaubt hat«, sagt Nicki, lachend, versteht sich. Ihr Diner ist denn auch genauso authenthisch geworden, wie sie sich das ausgemalt hatten. Und bisher lehnten sie alle Avancen, sich für ein Franchise oder Ähnliches herzugeben, bestimmt, aber höflich, ab. »Wir sind wir, und wir bleiben hier!« Basta.

Alles Show hier? Bei Weitem nicht! Ihre Arbeitskleidung ist »Fifties«, pink-weiß und selbst genäht, die Frisuren und das Makeup sind authentisch. »Es ist dieses Lebensgefühl, beeinflusst von den Filmen und der Musik jener Zeit, das uns leitet«, sagt Schenni. »Klar, auch damals war nicht alles gut, aber gewisse Werte finden wir schon toll«, fügt sie hinzu. Und: »Wir leben das übrigens wirklich. Wir stylen uns auch für einen privaten Abend!« Wen wundert es jetzt noch, dass die zwei jungen Frauen auch mit ihren Fotos die Speisekarte zieren, dass sie die Eröffnungsflyer höchstpersönlich, in ihrer Arbeitskleidung und auf High Heels, bei großen Veranstaltungen in der Umgebung verteilten, um auf ihren Diner aufmerksam zu machen? »Wir wurden oft fotografiert dabei«, sagt Schenni lachend, »das hat uns sehr viele Gäste gebracht.« Das war im Oktober 2011.

Ja, es ist alles ein bisschen anders in Schennis und Nickis Diner. Aber es ist gut so, wie es ist. Man sollte den Weg dahin unbedingt mal einplanen.

Ausflugstipp: Esslingen Downtown
Esslingen am Neckar hat eine lange Tradition und ist heute eine moderne Industriestadt. Es lohnt sich, eine der zahlreichen Stadtführungen mitzumachen, es gibt für fast alle Interessen eine Themenführung: »Stauna ond Spaziera« – Esslingen schwäbisch etwa – oder »Keller, Krypta, Katakomben« – Esslingen von unten quasi. Mit »Kanufahrten« geht es aufs Wasser des Stadtkanals, mit »Culinarius – 1000 Jahre Wirtshausgeschichte« wird es lecker. Informationen: www.esslingen.de

Popeye-Burger

Für 1 Burger
150–250 g Bio-Rinderhackfleisch (je nach Hunger) | Salz | schwarzer Pfeffer aus der Mühle | 1 EL Worcestersauce | 1 kleine Zwiebel | 1 Knoblauchzehe | 250 g frischer Blattspinat | 3 Salatblätter | 3 EL Olivenöl | 3 Kirschtomaten | frisch geriebene Muskatnuss | 1 EL Doppelrahmfrischkäse | 1 Ei | 1 Burgerbrötchen

▪ Das Hackfleisch mit Salz, Pfeffer und Worcestersauce würzen, gut durchkneten. Zu einem runden, flachen Pattie (Frikadelle) formen.
▪ Die Zwiebel und die Knoblauchzehe schälen und fein hacken. Spinat und Salat sorgfältig waschen und trocken tupfen.

■ 1 Esslöffel Olivenöl in einer Pfanne erhitzen und die Zwiebeln und den Knoblauch glasig anschwitzen. Den Spinat hinzufügen und dünsten, bis er zusammengefallen ist.

■ Die Kirschtomaten halbieren, zum Spinat geben und mit Salz, Pfeffer und Muskat würzen. Den Frischkäse einrühren und köcheln lassen, bis die gewünschte cremige Konsistenz erreicht ist. Noch einmal mit den Gewürzen abschmecken.

■ 1 Esslöffel Olivenöl in einer Pfanne erhitzen und den Pattie von beiden Seiten je nach Geschmack (»rare«, »medium« oder »well done«) braten.

■ Das restliche Olivenöl in einer Pfanne erhitzen und das Ei als Spiegelei braten.

■ Das Burgerbrötchen halbieren und die Schnittseiten im Backofen toasten.

■ Das Brötchen mit den Salatblättern belegen, den Pattie daraufsetzen und die Spinatcreme auf dem Fleisch verteilen.

Das Spiegelei obendrauf setzen und mit der zweiten Brötchenhälfte bedecken.

14

Oase der Ruhe und Erholung

Ingeborg Heinzelmann-Schillinger
im Sport- und Wellnesshotel Lauterbad, Lauterbad

In unberührtem Grün, zwischen Golfplatz und Skipiste, wirkt Ingeborg Heinzelmann-Schillinger als herzliche, fürsorgliche und energische Hotellière. Sie hat aus eigener Kraft eine traumhafte Wellnessoase geschaffen – und führt sie mit großem Erfolg.

Ihren warmen, festen Händedruck spürt man zu Beginn der Erholung. Er vermittelt, was die Gastgeberin so beschreibt: »Wir packen unsere Gäste von der ersten bis zur letzten Minute ihres Aufenthalts in Watte ein.« Denn zum Sich-Wohlfühlen, Regenerieren und Entspannen kommen diese ins ruhige und inmitten grüner Wälder und Wiesen liegende Schwarzwaldörtchen Lauterbad. Frisch gestärkt und erholt werden sie verabschiedet – die meisten kommen immer wieder.

Das liegt einerseits daran, dass Ingeborg Heinzelmann-Schillinger ihr eingangs gemachtes Versprechen tatsächlich umsetzt. Sie sorgt mit hoher Professionalität, Herzlichkeit und innerer Ruhe im Haus für Wohlfühlatmosphäre. Ihr ganzes, bis in Einzelheiten durchdachtes Wirken ist den Gästen gewidmet: »Gäste betreuen ist für mich keine Arbeit.« Um diese glücklich zu machen, ist ihr keine Mühe und sind ihr keine langen Arbeitszeiten zu anstrengend. Ingeborg Heinzelmann-Schillinger hat eine Ausbildung zur Hotelkauffrau im Hotel Bareiss in Baiersbronn absolviert. Sechs Jahre blieb sie dort, hängte noch ein Jahr in Paris an und drei Jahre wieder in Baiersbronn, diesmal in der Tanne, ehe sie zurück ins heimische Tal kam.

Das heute strahlend schöne Hotel Lauterbad war damals, 1976, eine Bauruine. Genau die richtige Herausforderung für die junge Frau! Auf dem Bau setzte sie sich stets durch und gestaltete das

Adresse
Sport- und Wellnesshotel
Lauterbad
Amselweg 5
72250 Freudenstadt-Lauterbad
Telefon +49 (0) 7441 86 01 70
info@lauterbad-wellnesshotel.de
www.lauterbad-wellnesshtel.de

Öffnungszeiten
365 Tage im Jahr; Wanderhütte: 10–18 Uhr; für geschlossene Gesellschaften auch außerhalb der Öffnungszeiten

Anfahrt
B28 von Stuttgart, Rottweil, Basel nach Freudenstadt, dort auf die B294 Richtung Alpirsbach und nach 1,5 km rechts auf die Schwarzwaldstraße abbiegen. Dann links auf die Kinzigtalstraße, anschließend rechts auf die Hardtsteige abbiegen und links auf den Amselweg.

Das Hotel Lauterbad liegt in einer Heilklimazone im Herzen des Schwarzwaldes.

Haus bis ins Detail nach ihren Vorstellungen. Sie konzipiert, unterstützt von einer Architektin, mit Vorausblick, überwacht bis heute jedes noch so kleine Vorhaben. Das Treppenauge für den neuen Aufzug zum Beispiel ließ sie bereits vor vielen Jahren anlegen; der Schließmechanismus für die Poolabdeckung musste so konstruiert werden, dass die Gäste in den großen Zimmern direkt neben der Anlage nicht gestört werden.

Das große Restaurant (oben) mit viel modernem Chic und tollem Ausblick ins Grüne ist ebenso beliebt wie die urige, mit altem Holz getäfelte Stube, das À-la-carte-Restaurant.

Nur wer beständig erneuert, hinterfragt und verbessert, kann langfristig als Hotelier überleben. Davon ist die Gastgeberin überzeugt. In ihrem Haus zeigt sich das an der Auslastung von etwa 90 Prozent. Ohne Internetvertriebskanäle, wohlgemerkt. Denn, sagt die Hotellière, »die sind mir zu teuer«. Sie investiert das Geld lieber in das Personal, das sie zu einem guten Teil selbst ausbildet. Im Hotel Lauterbad wird fünf Tage die Woche jeweils acht Stunden gearbeitet, die Löhne liegen über Tarif, Kritik ist willkommen, Outsourcing kommt nicht in Frage. Die 80 Mitarbeitenden sind für Ingeborg Heinzelmann-Schillinger eine Art Familie – neben der eigenen. Ihr Mann Herbert, mit dem sie seit 31 Jahren verheiratet ist, war ihr immer eine große Stütze. Seit ein paar Jahren arbeitet er im Betrieb auch mit und ist zuständig für Marketing und Controlling. Sohn Steffen führt zwischenzeitlich den Zweitbetrieb, das Waldhotel Zollernblick, unweit des Lauterbads gelegen, nah an der Skipiste. Seit 1984 gehört das Seminar-, Veranstaltungs- und Ferienhotel zum Unternehmen. Eine rustikale Wanderhütte, nach Ideen und Plänen der Bauherrin errichtet, komplettiert seit Mai 2014 die Angebote der Familie.

Viele Jahre war Ingeborg Heinzelmann-Schillingers Bruder Friedhelm Küchenmeister. Ihre betagte Mutter hilft bis heute mit, auch wenn das manchmal »nur« etwas Kinderbetreuung ist, damit die Eltern in Ruhe essen können. Um das leibliche Wohl in den Familienbetrieben kümmern sich inzwischen ein Küchendirektor, zwei Küchenchefs und ein Restaurantleiter.

Weitab von Verkehr, Hektik und Stress sind die Freizeitangebote rund um Lauterbad. Den Golfplatz erreicht man bequem zu Fuß,

Schwimmen und die Ruhe genießen – das ist im Hotel Lauterbad fast schon eine Art Pflicht. Der Außenpool lockt ins Freie. Geruht wird anschließend im »Schlafsack«.

unzählige Wanderwege durchkreuzen die idyllische Schwarzwaldnatur mit ihrem Heilklima. Im Winter locken Skipisten, Loipen und Winterwanderwege. Biker finden ausreichend Platz für Berg- und Talfahrten. Das nahe gelegene Freudenstadt ist ein Hort kultureller Veranstaltungen. Sommertheater, Mach-mit-Programme, Konzerte und Festivals sorgen dort für Abwechslung.

Besonders reichlich sind die Wellnessangebote des Hotels: Drei Lilien vergibt der »Relax Guide« für Finnische Sauna, Dampfbad, Jägersauna, Pharaonenbad, Bio-Schwitzstube, Laconium und Außenpool mit 30 Grad warmem Wasser und Zugang von der Relaxhalle aus. Zehn fest angestellte Mitarbeiter haben in den schön gestalteten Behandlungsräumen ordentlich zu tun. Alles, was Erholungssuchende sich wünschen, wird angeboten: von Klangschalentherapie über Stirnölguss bis zur Firla-Meridian-Behandlung. Eine Einführung dazu erhält der Gast von der Chefin persönlich. Sie sammelt auf Reisen und Seminaren regelmäßig neue Ideen für ihre Wellnessoase. Die Gäste des Hotels Lauterbad wissen um die Qualität des Hauses und kommen daher gerne wieder.

Ausflugstipp: Naturschutzzentrum Ruhestein

Mit Veranstaltungen und Ausstellungen will das Naturschutzzentrum das schützenswerte Ökosystem des Nordschwarzwalds Besuchern näherbringen. Faszinierende Einblicke in diese Welt, seine Geologie, seine Tier- und Pflanzenwelt, seine historische Nutzung und Möglichkeiten des Schutzes sind geboten.
Informationen: www.naturschutz.landbw.de

15

Die Wirtschaft im Wohnzimmer

Isolde Pfaff
im Gasthaus Löwen in Frickingen-Altheim

Adresse
Gasthaus Löwen
Hauptstraße 41
88699 Frickingen-Altheim
Telefon +49 (0) 7554 86 31
loewen@pfaff-altheim.de
www.pfaff-altheim.de

Öffnungszeiten
Di–Sa ab 18 Uhr, So 12–14 Uhr

Anfahrt
L200 von Überlingen nach Pfullendorf, bis sie in Altheim zur Hauptstraße wird, weiter über die große Kreuzung (nicht Richtung Frickingen). Der Löwen befindet sich nach etwa 200 Metern links leicht zurückversetzt.

Im Löwen sind Gäste und Wirtin gleichermaßen »zu Hause«. Dem alemannischen Charme von Isolde Pfaff kann sich niemand entziehen und ihren fantastischen Gerichten schon gar nicht. Für den Weg ins Hinterland des Bodensees wird man reichlich belohnt.

Hier, abseits des überbordenden sommerlichen Bodenseerummels, ticken die Uhren noch richtig. Die Landschaft ist zusammengesetzt aus sanften Hügeln, saftigen Wiesen, stattlichen Waldstücken, fruchtbarem Ackerboden und schier endlosen Reihen mit Obstbäumen. Die Dörfer sind urig, ohne unmodern zu sein. Die Menschen leben tief verwurzelt in ihrer Umgebung, und die Touristen, die ins Hinterland kommen, werden reichlich vom Linzgauer Charme für ihre Mühen belohnt. Wer allerdings im Löwen zur Stärkung einkehren möchte, muss es planmäßig tun. In Isolde Pfaffs kleines Paradies – ob Stube oder Garten – wollen viele; eine Tischreservierung empfiehlt sich. Das bemerkt auch der Gault Millau, der die leidenschaftliche Köchin mit 14 Punkten ausgezeichnet hat und dabei anmerkt, dass es eigentlich schade ist, einen solchen Geheimtipp zu verraten. Das Haus aus dem Jahr 1603 steht inmitten prächtiger Bäume, einer Wiese mit Schafen und dem Kräuter- und Gemüsegarten der Wirtin. Sie hat von ihrer kleinen Küche aus direkten Zugang zu ihren Schätzen.

»Der Löwen hat mit mir gemacht, was er wollte, er war stärker als ich«, erzählt sie. Denn eigentlich ist Isolde Pfaff Bankkauffrau von Beruf, und eigentlich wollte sie den Löwen, ihr Elternhaus, in jungen Jahren verkaufen. Ihr Mann Franz, der im Anbau seine Schreinerei betreibt, war dagegen: »So was verkauft man nicht!« Damit war alles gesagt. Ein paar wenig erfolgreiche Pächter gaben

Abseits des Bodenseerummels lädt Isolde Pfaff im Löwen zu ruhigen, aber feinen kulinarischen Momenten.

Isolde Pfaffs »Wohnzimmer« ist reich dekoriert mit Kunst, Erinnerungsstücken und Blumen. Viele Möbel stammen aus Franz Pfaffs Werkstatt hinter dem Haus.

sich die Klinke in die Hand, bis Isolde Pfaff der Löwen-Kraft nachgab und ganz langsam damit anfing, Gäste selber zu bewirten. Zunächst, als ihre drei Kinder noch klein waren, servierte sie Vesper. Später »gab es« ab und zu »französische« oder »italienische« Wochen. An Gästen und Komplimenten hat es auch in dieser Zeit nicht gemangelt. »Dann hab ich mich richtig neig'hängt«, erzählt Isolde Pfaff fröhlich.

Peu à peu brachte sie sich das Kochen bei, besuchte Kurse bei Stefan Marquard und fing an, die Küche als ihr persönliches kleines Paradies zu sehen. Wenn sie sagt: »Ich bin Köchin und Wirtin mit Leib und Seele«, nimmt man ihr das sofort ab. Mit klaren Vorstellungen, welche Erzeugnisse sie ihren Gästen vorsetzen will, und mit Wissen und Verständnis der Zusammenhänge der Lebensmittelherstellung kauft Isolde Pfaff in ihrer direkten Umgebung ein. Suchen muss sie nicht lange, denn, erklärt sie, »die Lieferanten laufen mir hier schon über den Weg, und i guck immer, dass i g'scheite Fisch krieg«. Auch wenn ihre Suche nach den besten Zutaten zusätzlichen Aufwand bedeutet, rückt sie kein Jota davon ab. Entsprechend flexibel muss die Köchin sein. »Sind Steinpilze zu bekommen, dann mache ich halt ein Gericht mit Steinpilzen.« Zur Wildzeit kommt es vor, dass sie zum Jäger sagt: »Jetz geh, schieß was!« Der Service – auch diese Frauen sind schon lange im Löwen beschäftigt und eine Art Familienmitglieder – reicht zu den üppigen Tellern duftende, selber gebackene Brötchen.

Isolde Pfaff redet nicht lange von Qualität, Regionalismus oder saisongerechter Küche. Sie nutzt einfach, was die Natur um sie herum vorgibt, und verarbeitet, was gerade reif ist. Und das ganz konsequent. So entstehen Gerichte wie Zwetschgen-Tiramisu mit Holunder (Letzterer streckt direkt hinter dem Haus seine Blütendolden der Sonne entgegen) oder Kürbis-Pannacotta mit Kompott aus eigenen Herbstfrüchten. Die Forelle wird mit Kräutern aus dem Garten im Bauch serviert, und die Rote Bete kommt mit Isoldes Liebling, einem feinen Ziegenfrischkäse, auf den Tisch. Sie schreibt – von Hand – jeden Tag die Karte neu. Dann stellt sie sich in die Küche, legt eine gute Musik-CD ein und ist glücklich. »Nachmittags hilft mir eine alte Dame«, sagt sie, »und abends sind wir zu dritt in der Küche.« Nachmittags bereitet sie die Gerichte für den Abend zu und bleibt an Bord, bis sie auch den letzten Gästen ein fröhliches »Ade« mit auf den Weg gegeben hat.

Isolde Pfaff entspricht dem Idealbild einer Wirtin, die mit großer Wärme für ihre Gäste da ist. Sie ist aber auch eine vielseitig kulturell und politisch interessierte Frau. Gerne diskutiert sie über große Politik wie über die weniger bedeutsamen Angelegenheiten ihrer direkten Umgebung und engagiert sich im Ort. Kurze »Powerurlaube« mit ihrem Mann nutzen die beiden für den Besuch von Konzerten und erholen sich so von den vielen Stunden an Herd und Fräsmaschine. Sie hoffen, dass Sohn Roman, gelernter Koch und derzeitiger BWL-Student, eines Tages der Löwen-Kraft erliegt und Mutters Werk weiterführt.

Die Wirtschaft – oder in Isolde Pfaffs Worten »unser Wohnzimmer« – ist geprägt von den schönen Möbeln, die hinter dem Haus entstehen. An den Wänden hängen Familienbilder, Erinnerungen an frühere Zeiten und moderne Kunst einträchtig neben Jagdtrophäen und Erinnerungsstücken aus Afrika, wo Franz Pfaff eine Zeit lang tätig war. Die niedrige Zimmerdecke, der ausladende Kachelofen und das warme Licht tun ihr Übriges, den Löwen zu einer gewachsenen und individuellen Wirtschaft zu machen. Das »Ade« der Wirtin beim Abschied versteht man sehr gerne als Aufforderung, demnächst wiederzukommen.

Der runde Tisch am Weinschrank ist bei den Gästen besonders begehrt, um schöne Stunden zu verbringen und sich verwöhnen zu lassen. Laue Sommerabende genießt man gerne im Garten vor dem Haus.

Ausflugstipp: Kloster und Schloss Salem

Die einst mächtige und reiche Zisterzienserabtei und spätere Residenz der Markgrafen von Baden ist heute Museum und Internatsschule. Das Schloss kann nur im Rahmen von Führungen besucht werden, im Winter nur sonntags.

Informationen: www.salem.de

Mit Kräutern gefüllte Lachsforelle

Für 4 Personen

4 Lachsforellen, küchenfertig, à 350 g | Salz | schwarzer Pfeffer aus der Mühle | etwas Mehl | Kräuter nach Saison, z. B. Bärlauch, Sauerampfer, Petersilie, Dill, Salbei, Kerbel | Butterschmalz

- Die Lachsforellen innen und außen mit Salz und Pfeffer würzen und in Mehl wenden.
- Anschließend die Kräuter in den Fischbauch stecken.
- Das Butterschmalz in einer großen Pfanne zerlassen und die Forellen von beiden Seiten jeweils 4 Minuten knusprig braten.

Schrotbrötchen

750 g Bioland-Weizenschrot | 250 g Mehl Type 550 (Weizen oder Roggen) | 100 g Sonnenblumenkerne | 1 Würfel Hefe | 400–500 ml Wasser | 1 EL Honig | 1 TL Salz | etwas Schwarzkümmel

- Das Weizenschrot und die Sonnenblumenkerne mischen. Die Hefe in warmem Wasser auflösen. Den Honig und das Salz hinzufügen, mit der Hefe vermengen und dann den Teig kräftig kneten. Etwa 1 Stunde gehen lassen.
- Den Backofen auf 190 °C Umluft vorheizen.
- Den Teig zu Brötchen formen, mit Schwarzkümmel bestreuen und im heißen Ofen 20 Minuten backen.

Linsensalat von Alblinsen mit Jakobsmuscheln

Für 4 Personen

Für den Linsensalat: 200 g Alb-Leisa (alternativ Le-Puy- oder Beluga-Linsen) | 2 Knoblauchzehen | 2 Schalotten | 2 kleine Karotten | 100 g Knollensellerie | 1 EL Butter | 4 EL Olivenöl extra vergine | 1 EL Aceto balsamico bianco | Salz | schwarzer Pfeffer aus der Mühle | Zucker | 1 Bund Schnittlauch

Für die Jakobsmuscheln: 12 Jakobsmuscheln (ganze Nüsschen ohne Corail) | 2 EL Olivenöl

■ Die Linsen zusammen mit den geschälten Knoblauchzehen in reichlich Salzwasser etwa 20 Minuten kochen. Die Knoblauchzehen entfernen.

■ Die Schalotten schälen und fein hacken. Die Karotten und den Sellerie waschen und schälen. In kleine Würfel schneiden.

■ Die Butter in einer Pfanne zerlassen und Schalotten, Karotten und Sellerie etwa 5 Minuten anschwitzen.

■ Das Öl und den Essig vermengen und zu den Linsen geben. Mit Salz, Pfeffer und Zucker würzen.

■ Den Schnittlauch waschen, trocken schütteln und in Röllchen schneiden. Den Salat 2 Stunden ziehen lassen und zum Schluss mit den Schnittlauchröllchen bestreuen.

■ Das Olivenöl in der Pfanne erhitzen und die Jakobsmuscheln von beiden Seiten kurz braten. (Alternativ kann man auch ein Stückchen Fischfilet dazu servieren.)

um Weinkeller

16

Auf historischem Grund

Reinhilde und Barbara Lutz
im Weingut und Gästhaus Lutz in Oberderdingen

Im »Amthof« wird Wein gekeltert, gekocht, und Übernachtungsgäste finden hier ein Bett. Reinhilde Lutz ist die gute Seele des Hauses, tatkräftig von ihren Kindern unterstützt.

Zwischen Odenwald im Norden, Schwarzwald im Süden und der oberrheinischen Ebene im Westen liegt, an den Stromberg geschmiegt, Oberderdingen. In der hügeligen, fruchtbaren Landschaft wachsen die Reben, von den Römern hierher gebracht, südwärts der Sonne entgegen gepflanzt und nordwärts von sanften Wäldern geschützt. »Staunenswertes« – so steht es im »Kraichgauer Weinlesebuch« – bringen die Winzer auf den Lössböden hier zustande. Die Familie Lutz gehört in der vierten Generation zu den Wahrern der Tradition, mit modernen Akzenten allerdings.

Reinhilde Lutz, die Seniorchefin, hat als Tochter eines Badeners mit einer für die Gegend typischen Landwirtschaft mit Äckern und Vieh »auf den Hof geheiratet«. In eine gemischte Ehe sozusagen: Sie ist Badenerin, ihr Mann ist Schwabe. »Das ist typisch hier«, erzählt sie, »denn Oberderdingen ist bei der großen Kreisreform vom Schwäbischen ins Badische gerutscht.« Die Weine aber, die hier wachsen, sind echte »Württemberger«. Ihr Mann war Landwirt und Winzer, sie, seit ein paar Jahren verwitwet, war immer die Gastgeberin. Zunächst in einer Besenwirtschaft. »Das geht auf Karl den Großen zurück, wird erzählt. Wo der Besen hängt, wird ausgeschenkt«, weiß sie zu berichten, »damit konnten die Weinbauern hier in der Gegend ihre Produkte unters Volk bringen.« Seit 1988 hat das Weingut Lutz eine Konzession als Restaurant, ein Gästehaus kam dazu und natürlich ein »Weinlädele«. Dass sich die beiden Betriebszweige gegenseitig befruchten, »das isch klar«, sagt Reinhilde Lutz in schönstem Badisch.

Adresse
Weingut und Gästehaus Lutz
Amthof 1
75038 Oberderdingen
Telefon +49 (0) 7045 20 19 00
kontakt@weingut-lutz.com
www.weingut-lutz.com

Öffnungszeiten
Mi–Sa 11–14.30 Uhr und
17–23 Uhr
So 11–23 Uhr
Weinverkauf: Mo–Sa 11–18 Uhr

Anfahrt
Auf der Brettener Straße in den Ort fahren. Von Bretten kommend in der Ortsmitte links abbiegen. Das Weingut Lutz befindet sich links direkt vor der Einfahrt in den Klosterhof.

Weinranken zieren den Eingang zum Weingut und Gästehaus Lutz.

Viele Jahre stand sie in der Küche, bereitete schwäbische Hausmannskost vom Kartoffelsalat über die Maultaschen und den Rostbraten bis zur Schlachtplatte zu, backte Brot und kochte »natürlich mit und zu den eigenen Weinen passend«. Hier wird der »Kellertopf« zubereitet, eine Spezialität aus Hackfleisch und Sauerkraut, mit Käse überbacken. Sohn Manuel und Tochter Barbara absolvierten beide eine Winzerausbildung. Barbara Lutz ist neben ihrer Mutterrolle auch Weinerlebnisführerin, arbeitet im Restaurant, im Weinladen und führt Interessierte in den 16 Hektar umfassenden familieneigenen Weinbergen herum. Die Streuobstwiesen liefern den Rohstoff für die hauseigenen Brände.

Der »Amthof« steht mitten im Dorf und war als befestigter Pfleghof eine Außenstelle des ehemaligen Zisterzienserklosters Herrenalb. Reinhilde Lutz ist kenntnisreiche Erzählerin historischer Geschichten und Begebenheiten: Immer mal wieder hatten hier die Einheimischen ungebetenen Besuch französischer Truppen, denn der Kraichgau bietet keine geografischen Hindernisse für Raubzüge. Schon die Kelten siedelten hier, was die Gegend zu einem der ältesten Kulturräume Deutschlands macht. Liberal und offen sei die Gegend, berichtet die Wirtin, es seien ja immer auch neue Gedanken mitgekommen, nicht nur Soldaten.

Jedes Familienmitglied hat sein »Revier«. Reinhilde Lutz ist Meisterin der ländlichen Hauswirtschaft und bildet immer noch junge Frauen in diesem Beruf aus. Es macht ihr große Freude, zu sehen, wie sie dann hinaus in die Welt gehen und von ihrem Erlernten leben können. Ihre Mitarbeiter gehören quasi zur Familie, seit Ende 2013 auch ein junger Koch, der sie in der Küche abgelöst hat. »Jede Generation setzt ihre eigenen Schwerpunkte«, sagt Reinhilde Lutz, die aber bleibt, was sie immer war: die gute Seele des Hauses. So einladend wie die Landschaft um sie herum.

Im Gewölbekeller, dem ehemaligen Weinkeller, wird heute ausgiebig getafelt und gefeiert. In der Weinstube werden schwäbische Spezialitäten gereicht, begleitet von den passenden Weinen aus dem eigenen Keller, dazu fachkundig ausgewählt und erklärt. Der Innenhof lädt zu sommerlichem sinnlichen Genuss.

Ausflugstipp: Das Keltengrab von Hochdorf

Ein Zufallsfund förderte ein mächtiges keltisches Fürstengrab zutage. Der riesige Grabhügel war abgetragen, das Grab aber völlig unversehrt. Heute kann man den wiederaufgebauten und frei zugänglichen Grabhügel bewundern Die Funde sind im Keltenmuseum ausgestellt, das »Gehöft« lässt die Zeit der Kelten anschaulich wiederaufleben. Es steht auf einer frühkeltischen Siedlung aus dem 5. bis 4. Jahrhundert v. Chr.
Informationen: www.keltenmuseum.de

Maultaschen mit Kartoffelsalat

Für 4 Personen

Für den Teig: 400 g Mehl + Mehl für die Arbeitsfläche | 4 Eier | 4 EL Wasser | Salz

Für die Füllung: 1 Stange Lauch | 2 Zwiebeln | 2–3 EL Sonnenblumenöl | 100 g Speck, in kleine Würfel geschnitten | 1 Packung Blattspinat (TK), alternativ etwa 500 g frischer Spinat | 500 g feines Fleischbrät vom Metzger Ihres Vertrauens | 2 Eier | schwarzer Pfeffer aus der Mühle

Außerdem: 1 EL Butter

Für den Kartoffelsalat: 1 kg festkochende Kartoffeln, vorzugsweise Annabelle | 500 ml kräftige Fleischbrühe | Salz | schwarzer Pfeffer aus der Mühle | 1 EL Senf | Zucker | 2–3 EL Essig | 5 EL Sonnenblumenöl

■ Für den Teig aus den genannten Zutaten in einer Schüssel einen glatten, elastischen Teig herstellen. So lange kneten, bis er zart und geschmeidig ist. Den Teig auf einer bemehlten Arbeitsfläche dünn ausrollen und anschließend 5 Stunden ruhen lassen.

■ Den Lauch putzen, waschen und in Ringe schneiden. Die Zwiebeln schälen, 1 Zwiebel fein hacken, die andere in Ringe schneiden. Das Öl in einer Pfanne erhitzen und Lauch, die gehackte Zwiebel sowie Speck anschwitzen. Abkühlen lassen.

■ Den Spinat auftauen und klein schneiden. Frischen Spinat waschen, klein schneiden und blanchieren. Sämtliche Zutaten mit dem Brät vermengen und mit Salz und Pfeffer würzen.

■ Den Teig auf einer Arbeitsfläche ausbreiten und in Rechtecke von 6 × 8 cm schneiden. Auf eine Hälfte 1 Esslöffel der Füllung geben, die Teigränder mit Wasser befeuchten, das Teigrechteck zusammenklappen und fest zusammendrücken.

■ Reichlich Salzwasser zum Kochen bringen. Die Maultaschen einlegen. Die Hitze reduzieren und die Maultaschen 10–15 Minuten ziehen lassen. Mit einem Schaumlöffel herausnehmen und auf Küchenpapier abtropfen lassen.

■ Die Butter in einer Pfanne zerlassen und die Zwiebelringe bei mittlerer Hitze goldbraun braten. Man nennt das abschmälzen.

■ Für den Kartoffelsalat die Kartoffeln weich kochen und noch warm pellen. In feine Scheiben schneiden und mit Salz und Pfeffer würzen. Mit der Fleischbrühe übergießen.

■ Salz, Pfeffer, Senf, Zucker und Essig zugeben und alles vorsichtig vermengen. Zum Schluss das Öl hinzufügen.

17

Wildes aus der Umgebung

Regina Müller
im Ferienhof Marina in Dörzbach-Laibach

Schwäbisch-tüchtig und mit ansteckendem Humor bewirtet die Kräuterpädagogin Regina Müller ihre Gäste im beschaulichen Laibach. Alles hier ist selber gemacht, auch die Pläne für Haus und Hof entstanden am häuslichen Tisch.

Regina Müllers Ferienhof Marina – er ist benannt nach der Tochter – liegt auf halbem Weg zwischen Jagst- und Taubertal. Die Häuschen mit den Ferienwohnungen befinden sich am Rande von Laibach und geben den Blick frei über den schönen Garten hin zu den saftigen Wiesen und grünen Wäldern. Zwischendrin plätschert friedlich der schmale Laibach. Im großen »linken Kutscherhaus«, wie der Bauernhof genannt wird, finden sich die Gäste in der Kutscherstube zum Frühstück ein. Darüber, in der ehemaligen Tenne, haben die Müllers kleine, kuschelige Holzkojen mit Stockbetten für müde Radfahrer eingebaut. Und gleich nebenan befindet sich der neue große Seminarraum mit eigener Küche.

Was sich anhört wie ein Sammelsurium, ist nach und nach entstanden. Regina Müller hat gut zugehört, was sich die Gäste, die ja doch immer wieder kommen wollen, sich wünschen. Die Wirtin wuchs mit fünf Geschwistern auf einem Hof mit Ackerbau, Vieh und Gastwirtschaft auf. Der Mutter in Küche, Stall und auf dem Feld zu helfen, war selbstverständlich und hat den Blick für wirklich Wichtiges und Gutes schon früh geschärft. Sonntags gab es für die Gäste Mittagessen in der Wirtschaft. Regina arbeitete nebenbei als Betriebshelferin und ersetzte auf Bauernhöfen in ganz Baden-Württemberg fehlende Familienmitglieder. Ob Haus- oder Stall- und Ackerarbeit – stets machte sie alles, was erforderlich war: kochen, die Kinder betreuen, das Vieh versorgen. Mit besonders viel Freude arbeitete sie auf einem Weingut.

Adresse
Ferienhof Marina
Rengershäuser Straße 20
74677 Dörzbach-Laibach
Telefon +49 (0) 7937 56 14
info@ferienhof-marina.de
www.ferienhof-marina.de

Öffnungszeiten
Ferienwohnungen und Seminarräume: ganzjährig
Radlerkojen: Mai bis Oktober
Bewirtung für Hausgäste und auf Bestellung: ganzjährig

Anfahrt
A 81, Bad Mergentheim bis Dörzbach-Laibach, Ortseinfahrt rechts auf den Assamstadter Weg, anschließend links auf die Rengershäuser Straße abbiegen. Der Ferienhof liegt rechts und ist das letzte Haus an der Straße.

Willkommen bei Familie Müller: Der hübsche gepflegte Hof strahlt mit der Wirtin um die Wette.

Der Trecker wird nur zu besonderen Anlässen hervorgeholt; er ist der ganze Stolz des Eheleute Müller. Früher hat Regina Müller damit »im Holz« gearbeitet. Im Fachwerkhaus oben rechts befindet sich der neue Seminarraum.

Als junge Frau heiratete sie »auf den Kutscherhof«, der damals noch als Vieh- und Ackerbauernhof von ihren Schwiegereltern im Nebenerwerb betrieben wurde. Die Kinder kamen hier zur Welt. Als klar war, dass der Hof nur weiter zu halten sei, wenn er vergrößert würde, schlug Regina Müllers Stunde. Wo einst die Schweineställe standen, warten nun seit 2001 vier Ferienwohnungen. Daneben wurde ein Spielplatz angelegt. Den gesetzlichen Bestimmungen nach sollte eine große Küche eingebaut werden. Warum nur für die Feriengäste, sagte sich Regina Müller. Und so entstand die Kutscherstube, in die, sagt die Wirtin, »eine ganze Busladung Gäste reinpasst«. In der Folge bekam sie aus der nahen und der weiteren Umgebung Anfragen für Geburtstage, Hochzeiten, Kommunionen und andere Feierlichkeiten. In der Zwischenzeit hatte sich Regina Müller auch zur Kräuterpädagogin ausbilden lassen, was zur Folge hatte, dass Kurse in ihrem Haus stattfanden. Und das wiederum führte dazu, dass ein moderner Seminarraum mit eigener Küche gebaut werden musste.

Auf dem Ferienhof Marina wird aufgetischt, was in der Umgebung wächst, vieles davon wild. Regina Müller bereitet ihre Spätzle – hier werden sie gedrückt, nicht vom Brett geschabt – ebenso selber zu wie Serviettenknödel, Schupf- und Wildkräuternudeln. Ihre Gäste kommen in den Genuss von leckeren Klößchensuppen, Braten, Wild aus heimischer Jagd, Fisch oder üppigen Salatbüfetts, alles mit ihrem hausgemachten Kräutersalz gewürzt. Der Wuchskalender gibt die Verwendung von so manchen Besonderheiten vor, die es nicht oft auf eine Speisekarte schaffen: Brennnesselsuppe oder -lasagne, Kräuterbutter mit Schafgarbe oder Kirschen, Hagebuttenmarkcreme, Gundermanneis, Mädesüßsahne oder -marmelade. Der Kräuterpädagogin gehen weder Ideen noch Rohstoffe aus. Aus ihrer naturbelassenen direkten Umgebung holt sie die Wildkräuter, die sie dann auch zu Sirup verkocht oder zu feinen Likören verarbeitet, die natürlich auch im winzigen Hofladen angeboten werden. Als ehemalige Besitzerin eines Schweinestalls wartet sie auch mit feiner, selbst hergestellter Hausmacherwurst auf.

Regina Müllers ansteckende Fröhlichkeit macht vergessen, wie viel sie für ihren Hof arbeitet. »In unserer Region haben die Frauen immer viel und selbstständig gearbeitet«, erzählt sie, »nur wurden halt immer die Männer als Chefs wahrgenommen.« Ihr Mann Ottmar ist der Hausmeister und bei großen Anlässen gerne auch mal der Spüler. Seine Frau erklärt: »Unterstützt hat er mich immer,

wir haben alles gemeinsam entschieden und gebaut.« Als hauptberuflicher Maschinenbautechniker bringt er die idealen Voraussetzungen für alle technischen Arbeiten im Haus mit.

Einerlei, ob für eine einzige Nacht mit Frühstück oder für eine ganze Ferienwoche: Regina Müllers Gäste kommen gerne immer wieder. Handelsreisende beherbergt sie genauso wie Leute, die in der Nähe ein Weiterbildungsseminar besuchen, oder, wie gesagt, die vielen Radfahrer, die den Kocher-Jagst-Radweg für abwechslungsreiche Touren entdeckt haben. Die Wirtin selbst ist lieber am Herd oder auf Kräutersuche. Mehr als acht Tage am Stück verlässt sie ihren Hof nicht. Sie hat ihr kleines Paradies gefunden.

Der einladende Platz zwischen dem »Kutscherhof« und den neuen Ferienhäuschen wird liebevoll gepflegt. In der Kutscherstube finden Brunches statt, und es werden Hochzeiten und Geburtstage gefeiert.

Ausflugstipp: Deutschordensmuseum und Wildpark

Im nahen Bad Mergentheim steht die imposante Residenz der Deutschorden-Hochmeister. Erbaut um 1527 und immer wieder erweitert, bietet sie Exponate aus vielen Epochen: Renaissance, Rokoko, Klassizismus. 800 Jahre Geschichte des Deutschen Ordens – einst ein mächtiger Ordensstaat – zeigen diese Räume und Ausstellungen aufs Eindrücklichste.

Mit Kindern lohnt ein Ausflug in den Wildpark Bad Mergentheim. Lehrreich und spannend ist ein Tag im artenreichsten Tierpark Europas.

Informationen: www.deutschordensmuseum.de
www.wildtierpark.de

Mädesüßgelee

Ergibt 3–4 Gläser à 350–450 ml
5 Mädesüßdolden | 1 l Apfelsaft | 1 EL Zitronensaft | 500 g Gelierzucker 2:1

■ Mädesüßdolden 1–2 Stunden welken lassen, damit sich kleine Insekten entfernen können. Die Blüten 2 Stunden im Apfelsaft ziehen lassen. Anschließend abseihen.

■ Die Flüssigkeit mit dem Zitronensaft aufkochen lassen und den Gelierzucker einrühren. Sanft kochen lassen, bis der Gelierpunkt erreicht ist (Gelierprobe!).

■ Den Topf vom Herd nehmen. Das Gelee in vorbereitete heiße Gläser bis 1 cm unter den Rand füllen. Vor dem Schließen mit einem Deckel oder Zellophan mit Wachspapierblättchen versiegeln. An einem kühlen, dunklen Ort aufbewahren.

Wildschweinbraten mit Serviettenkloß

Für 6 Personen
Für die Beize: 500 ml Rotwein | 250 ml Rotweinessig | 250 ml Wasser | 3 Gewürznelken | 5 Wacholderbeeren | 3 Lorbeerblätter | ½ geschälte Zwiebel, im Ganzen
Für den Braten: 2 EL Rapsöl | 1,5 kg Wildschweinbraten (Schulter oder Keule) | 1 dickes Bund Wurzelgemüse aus Karotten, Lauch, Knollensellerie und Zwiebel | 2 Tomaten, geschält und in Würfel geschnitten | Salz | schwarzer Pfeffer aus der Mühle | Paprika, edelsüß | 250 ml Rotwein | 125 g Sahne
Für den Serviettenkloß: 4 altbackene Brötchen | ½ mittelgroße Zwiebel | 1 Handvoll gemischte frische Kräuter wie Petersilie, Giersch und Vogelmiere | 50 g Butter | 250 ml Milch | 125 g Mehl | Salz | schwarzer Pfeffer aus der Mühle | frisch geriebene Muskatnuss

■ Aus den genannten Zutaten die Beize herstellen und das Fleisch abgedeckt 24 Stunden einlegen.

■ Den Backofen auf 200 °C vorheizen.

■ Das Öl in einem Bräter erhitzen und das Fleisch zusammen mit dem Wurzelgemüse und den Tomaten rundum anbraten. Mit Salz, Pfeffer und Paprika würzen und mit 750 ml Wasser ablöschen. Bei mittlerer Hitze insgesamt etwa 1 Stunde im heißen Ofen garen. Zwischendurch das Fleisch wenden und mit der Flüssigkeit begießen. Sobald das Fleisch gar ist, herausnehmen und das Gemüse sowie die Flüssigkeit mit dem Pürierstab mixen. Mit Salz und Pfeffer würzen. Den Rotwein und die Sahne einrühren.

■ Für den Serviettenkloß die Brötchen in Würfel schneiden. Die Zwiebel schälen und fein hacken. Die Kräuter waschen, trocken schütteln und fein hacken. Die Butter in einer Pfanne zerlassen und die Zwiebeln sowie die Kräuter anschwitzen. Mit den Brotwürfeln in einer Schüssel vermengen.

■ Die Milch angießen und mit dem Mehl bestäuben. Das Ganze zu einem glatten Teig kneten und mit Salz, Pfeffer und Muskat würzen. 30 Minuten ruhen lassen.

■ Reichlich Salzwasser zum Kochen bringen. Den Teig zu einem länglichen Kloß formen, in ein Küchentuch wickeln und an beiden Enden zubinden. 10–15 Minuten im Salzwasser ziehen lassen.

■ Zum Anrichten das Fleisch in Scheiben schneiden, auf einen flachen Teller legen und mit der Sauce überziehen. Den Serviettenkloß ebenfalls in Scheiben schneiden und danebenlegen.

Würste / Burger
Marthas

18

Schnelle Köstlichkeiten

Pia Nowotny
im Martha's in Stuttgart

Das Versprechen »Lecker wie hausgemacht« wirkt in einer Wurstbude eher anachronistisch. Allerdings nur auf den ersten Blick. Pia Nowotny erfüllt es mit Leichtigkeit, herausragend feinem Fast Food und stets einem Lächeln auf den Lippen. Der Name der Lokalität erinnert an die Großmutter Martha, die immer alles frisch für viele Leute kochte.

»Der Schlossplatz in Stuttgart war für mich schon immer das Herz der Stadt«, sagt die Heilbronnerin Pia Nowotny. Hier brummt das Leben. An Wochentagen arbeiten in den unzähligen Büros viele Menschen, an Samstagen ziehen Einkaufslustige durch die Straßen. Und viele davon möchten etwas essen. Sie möchten etwas Gesundes und wirklich Gutes essen, ohne viel Zeit aufzuwenden. Und genau deswegen ist Pia Nowotny 2011 in den kleinen Laden im historischen Teil der Königsbau-Passagen eingezogen.

Die Speisekarte hängt über der Theke, hinter der Pia Nowotnys Mitarbeiter und sie selber Würste und Patties braten, Brote rösten, Gemüse schnippeln und Gerichte zusammenstellen. Die Holzwände erinnern an eine Almhütte. An der Wand hängt eine moderne Kuckucksuhr, im Kühlregal stehen handverlesene Getränke wie fritz-kola, Biolimonaden oder Apfelsaftschorle von der Schwäbischen Alb und Biere aus kleinen Familienbrauereien.

Wohlüberlegt und mit viel Verständnis für die Zusammenhänge in der Lebensmittelversorgung hat die ehemalige Bankfachwirtin das Angebot ihres höchst ungewöhnlichen Fast-Food-Ladens zusammengestellt. Das Schweinefleisch der subtil gewürzten groben Wurst für die »Martha's Spezial« stammt vom Schwäbisch-Hällischen Landschwein. In den Patties für die Burger steckt nichts anderes als Rindfleisch, vorzugsweise vom Albbüffel. Alles, was in

Adresse
Martha's
Lecker wie hausgemacht.
Königstraße 28
70173 Stuttgart
Telefon +49 (0) 711 72 23 05 55
essen@marthas-stuttgart.de
www.marthas-stuttgart.de

Öffnungszeiten
Mo–Mi 10–20 Uhr
Do–Sa 10–21 Uhr

Anfahrt
Martha's befindet sich in den Königsbau-Passagen, im Zwischengang des historischen Teils.

Das Martha's ist der Gegenentwurf zum schnellen Essen. Zwar bleibt man auch bei Pia Nowotny nicht allzu lange, dafür genießt man umso mehr.

Vor den Augen der Kunden entstehen hinter der Theke die »Schnellgerichte«: Alles ist »lecker wie hausgemacht«.

das Pastrami-Sandwich mit Krautsalat kommt, stammt genauso von der Alb, und zwar von Herstellern, die sie persönlich kennt und ausgewählt hat. Brot und Brötchen lässt Pia Nowotny von einer kleinen Familienbäckerei in Stuttgart nach ihren Vorstellungen und Wünschen herstellen. Und die Flammkuchen werden im Schaufenster belegt. »Denn unsere Kunden sollen sehen, dass wir alles selber machen und dass alles frisch ist«, sagt Pia Nowotny.

Auf ihren Reisen in Österreich ist die Mutter eines kleinen Jungen mit ihrem Ehemann, der selber halber Österreicher ist, immer wieder den gemütlichen kleinen Wurstbuden begegnet, wo sich die Einheimischen kurz zu einem Schwatz treffen, wo sich Touristen stärken und es einfaches, aber köstliches Essen gibt. So reifte der Gedanke, eine Wurstbude aufzumachen. In Stuttgart, wo die Familie lebt, ist das aber nicht ganz so einfach, denn Wurstbuden dauerhaft an den Straßenrand zu stellen, ist nicht ohne Weiteres erlaubt. Es musste also ein Laden her. Bevor dieser öffnete, tüftelte sie tagelang an der Currysauce, bis Geschmack und Konsistenz ihren Vorstellungen entsprachen. Genauso lang dauerte es, bis die richtige Currypulver-Mischung in zwei Schärfegraden für ihre höchst köstlichen Wollwürste einsatzbereit war. Was genau in Sauce und Pulver steckt, wird nicht verraten – aber neuerdings für zu Hause verkauft. Im Laufe der Zeit kamen immer wieder neue »Schnellgerichte« hinzu. Pärchen können heute ein »Königsgedeck« ordern, das aus zwei Currywürsten und einer kleinen Flasche Ruinart-

Champagner besteht. Jedes einzelne Produkt muss die Standards der Chefin erfüllen. »Lecker wie hausgemacht« ist ihr Versprechen, und daher haben Geschmacksverstärker und Convenience-Produkte bei ihr nichts zu suchen. Mit Sorgfalt werden die Würste von Hand in Rädchen geschnitten. »Das sieht besser aus und schont den Geschmack«, erklärt die Chefin. Werden die Happen »to go« bestellt, landen sie in klimaneutral hergestellten Verpackungen. Catering-Kunden schätzen Pia Nowotnys Essen inzwischen auch. Einerlei, ob ein Pausenessen mit dem ausgefallenen »Martha's Spezial« aus Knusperbrot, mit Bauernsenf bestrichen, ob Bratwurst aus einer würzigen Zwiebel-Petersilien-Hack-Mischung im kleinen Karton oder ein Flying Buffet mit Mini-Happen quer durchs Sortiment – individuelle Wünsche werden gerne erfüllt.

Pia Nowotny fühlt sich den Hungrigen verpflichtet, die nicht viel Zeit haben, aber gerne etwas Gutes und Nahrhaftes essen wollen. »Manch einer«, erzählt sie, »kommt hier rein, isst eine Siedewurst nach Omas Art, eine Currywurst mit Pommes oder eine süße Belgische Waffel und sagt beim Hinausgehen ›Es war zwar kurz, aber schön und erholsam‹.« Das macht Pia Nowotny glücklich. So hatte sie sich das immer erträumt: Eine Oase für die kurze Einkehr, einen Platz für ein Schwätzchen, eine kleine Ecke für den Verzehr kulinarischer Überraschungen zu schaffen. Das ist ihr gelungen.

Ein kleines Stück Berghütten-ambiente bringt Gemütlichkeit in die »Wurstbude«, die hausgemachte Currysauce sucht ihresgleichen.

Ausflugstipp: Landesmuseum Württemberg

80 000 Jahre Kulturgeschichte der Region, 130 Mitmachstationen, die Kostbarkeiten aus der Kunstkammer der Herzöge von Württemberg, Renaissanceuhren aus dem 16. Jahrhundert und eine hochkarätige Sammlung historischer Musikinstrumente gilt es im Landesmuseum im Alten Schloss zu entdecken. Im Neuen Schloss befindet sich das Römische Lapidarium: Reliefs, Skulpturen und andere Steindenkmäler vom 1. bis 3. Jahrhundert. Mit Kindern zwischen vier und zehn Jahren sollte man unbedingt das Kindermuseum »Junges Schloss« besuchen.
Informationen: www.landesmuseum-stuttgart.de und www.junges-schloss.de

Martha's Spezial

Für 1 Person

1 kleine Zwiebel | 1 TL Petersilie, fein gehackt | 1 EL Butterschmalz | 2 dünne Schweinsbratwürste | 1 Milchbrötchen oder Weißbrötchen | mittelscharfer Senf | Curry

■ Die Zwiebel schälen, fein hacken und mit der Petersilie vermengen.

■ Das Butterschmalz in einer Pfanne zerlassen und die Bratwürste rundum knusprig braun braten.

■ In der Zwischenzeit die Brötchen halbieren und im Kontaktgrill oder im vorgeheizten Backofen (180 °C) kurz rösten. Anschließend die Unterseite dünn mit dem Senf bestreichen. Darauf die Zwiebel-Petersilien-Mischung verteilen, die Würste darauflegen und mit Curry bestreuen.

Tipp: Wer mag, kann auch scharfen Senf verwenden und mit hochwertigen Currymischungen variieren. Dazu passt am besten ein gepflegtes kaltes Bier.

Currywurst mit Martha's Currysauce

Für 1 Person

1 Oberländer Wurst vom Schwäbisch-Hällischen Landschwein | 1 EL Rapsöl | Martha's Currysauce | Currypulver | 1 dicke Scheibe Bauernbrot

■ Die Wurst im heißen Öl rundum goldbraun braten.

■ In gleichmäßige Stücke schneiden und in eine kleine Schale legen.

■ Martha's Currysauce lauwarm über die Wurst gießen und nach Belieben mit Currypulver bestreuen. Mit einer Scheibe Bauernbrot genießen.

Pastrami-Sandwich mit Bauernbrot

Für 1 Person

2 Scheiben Bauernbrot | 200 g Pastrami (gepökeltes, geräuchertes und mit Pfefferkörnern ummanteltes Rindfleisch), in dünne Scheiben geschnitten | 1 EL Sonnenblumenöl | 80 g Coleslaw (Krautsalat) | frisch gemahlener Malabar-Pfeffer

- Das Brot in einem Toaster kurz anrösten.
- Pastrami im heißen Öl in einer Pfanne kurz scharf anbraten.
- Beide Seiten des Bauernbrots mit Coleslaw belegen.
- Das Fleisch auf eine Brotscheibe legen und nach Belieben mit Malabar-Pfeffer würzen. Mit der zweiten Brotscheibe bedecken.

Malabar-Pfeffer zeichnet sich durch eine angenehme Schärfe und ein feines Aroma aus. Die Heimat der Pfeffersorte ist Malabar an der indischen Westküste, die auch Pfefferküste genannt wird.

Restaurant zum Ochsen

19

Bienvenue!

Anita Jollit
im Hotel Restaurant Zum Ochsen in Karlsruhe-Durlach

Frisch, französisch angehaucht und von Gemüse und Kräutern geprägt ist Anita Jollits Küche im Ochsen. Das Restaurant ist ein Hort gehobener Gastlichkeit und Lieblingsziel vieler Gourmets.

In Durlach sind die Landesgrenzen etwas verschoben. Denn der Ochsen steht, trotz seines Namens, mitten in Frankreich. Das liegt einerseits an den Gastgebern, Anita und Gérard Jollit, und andererseits an dem Sommelier Serge Schwentzel sowie den gerne mal aus Frankreich rekrutierten Mitarbeitern. Anita Jollit ist die Küchenchefin im Ochsen, ihre Liebe gilt Frankreich und seiner Küche. Obwohl sie durch und durch Badenerin ist – der Ochsen ist ihr Elternhaus. 1981 haben die Jollits das Haus von ihrem Vater übernommen. Gérard Jollit ist Franzose, der, so sagt seine Frau, »immer schon ein Restaurant haben wollte, er ist der geborene Gastgeber«.

Weil das mit den Köchen nicht immer nach Wunsch geklappt hat, stand Anita Jollit alsbald selber in der Küche – zunächst in der Patisserie und später nach und nach auf allen Posten. Will heißen, sie wurde einfach Küchenchefin. Ihre kaufmännische Ausbildung konnte sie in ihrer neuen Wirkungsstätte nur bedingt einsetzen, ihre zehnjährige Erfahrung in der Hotelbranche hingegen schon. Mit Elan machte sich die junge Mutter zweier Kinder ans Lernen, Herausfinden, Austüfteln, Kreieren. Zur Belohnung gab es bald einen Michelin-Stern, den sie zehn Jahre lang gehalten hat. »Nachdem dieser weg war, konnten wir wieder so arbeiten, wie wir wollten«, sagt Anita Jollit. Eine Last war von ihr abgefallen.

Allerdings – und das darf man wörtlich nehmen – ist der Ochsen geblieben, was er immer war: ein Restaurant, der klassischen französischen Küche verpflichtet, dem kultiviert-gepflegten Service verschrieben. Die kreative Küche auf konstant hohem Niveau und die zwar gemütliche, aber auch stilvolle Eleganz der

Adresse
Hotel Restaurant Zum Ochsen
Pfinzstraße 64
76227 Karlsruhe-Durlach
Telefon +49 (0) 721 94 38 60
info@ochsen-durlach.de
www.ochsen-durlach.de

Öffnungszeiten
Mi–So 12–14 Uhr und
18–21.30 Uhr
Vinothek Mi–So 14–22 Uhr

Anfahrt
A 5, Ausfahrt Durlach, rechts fahren. Weiter bis Durlach, links in die Pforzheimer Straße abbiegen, anschließend die erste Straße rechts in die Pfinzstraße. Das Restaurant befindet sich links an der Straße.

Ein kleines Stück Frankreich in Durlach: Aus Anita Jollits »Ochsen«-Küche kommen traditionelle französische Gerichte.

Klassisch-elegant und freundlich-gemütlich sind die gepflegten Räume im «Ochsen».

Räume sind die Ausnahme im Reigen der Landgasthöfe. »Wir sind hier auf dem Land, und das ist unser Vorteil«, erklärt Anita Jollit. Zum Ochsen gelangt man unkompliziert und schnell, wenn man von der berühmten Hummerbisque, dem großen Atlantik-Wildsteinbutt in Rauchmilch, pochiert mit Fourme-d'Ambert-Sauce, oder der Etouffé-Taube aus den Dombes kosten möchte. Mittags bereitet die Küchenchefin jeweils ein saisonales Drei-Gänge-Menü zu, das seinesgleichen sucht, zu dem selbstverständlich auch der Gruß aus der Küche und die Mignardises zum Kaffee gehören.

Der gut gefüllte Weinkeller im Ochsen ist eine »cave française«, geführt vom Sommelier Serge Schwentzel, einem der Mitarbeiter der Jollits, der schon lange zur »Familie« gehört. Man darf ihn zu einem kleinen Rundgang in der Vinothek überreden und ihm von den ausgewählten französischen Tropfen etwas für zu Hause abkaufen. Wem anschließend der Heimweg zu lang ist, dem stehen, unter anderen, mit »Champagne«, »Alsace« oder »Bordeaux« sechs stilvolle Zimmer zur Verfügung. »Au revoir« heißt es dann erst am nächsten Morgen – nach dem »petit déjeuner«.

Ausflugstipp: der Botanische Garten in Karlsruhe

Eine Oase mitten in der Stadt ist der Botanische Garten. Hier entdeckt man neben einer riesigen Hängebuche einen gigantischen Mammutbaum, daneben stehen mediterrane Kübelpflanzen, es gibt Teiche mit Seerosen, Karpfen und Goldfischen. Jede Jahreszeit hat

hier ihre ganz besonderen Highlights: Tulpen im Frühling, Pfefferbäume im Sommer, historische Dahlien im Herbst. In den Schauhäusern ist immer Sommer: Im Kakteen- und Sukkulentenhaus, im Palmenhaus und im Warm- und Tropenhaus kann man sich vorzüglich in einen Blitzurlaub versetzen.
Informationen: www.botanischer-garten-karlsruhe.de

Filet vom Loup de Mer mit Fenchel und Karotten-Ingwer-Emulsion

Für 4 Personen

2 Fenchelknollen | 4 EL Olivenöl | Salz | schwarzer Pfeffer aus der Mühle | 1 TL Vadouvan-Gewürz | 6 große Karotten | 1 Stück Ingwer, 2 cm | 1 EL Sahne | 5–6 EL hochklassiges Olivenöl | 4 Loup-de-Mer-Filets, bratfertig vorbereitet (alternativ Filets von Dorade oder Rotbarbe)

■ Die Fenchelknollen waschen, putzen und in 1 cm große Würfel schneiden. 2 Esslöffel Olivenöl in einem Topf erhitzen und den Fenchel bei Niedrigtemperatur langsam anschwitzen. Mit Salz, Pfeffer und Vadouvan würzen.

■ Die Karotten und den Ingwer schälen und im Entsafter durchpressen.

■ Den Saft in einer kleinen Kasserolle etwas reduzieren, die Sahne hinzufügen und mit dem Olivenöl mit Hilfe des Stabmixers emulgieren. Nicht mehr kochen.

■ Die Haut der Fischfilets mit einem scharfen Messer einschneiden. Das restliche Olivenöl in einer Pfanne erhitzen. In der Zwischenzeit die Hautseite der Filets mit Mehl bestäuben und den Fisch auf der Hautseite etwa ½ Minute braten. Die Filets wenden und die Pfanne vom Herd nehmen. Der Fisch zieht nun langsam nach.

■ Als Beilage eignen sich kleine Kartoffeln und/oder gebratene Champignons.

Vadouvan ist eine dem indischen Vadagam nachempfundene Gewürzmischung. Besonders in der gehobenen Gastronomie hat sie Eingang gefunden und wird vorwiegend für kurzgebratenes Fleisch und Geflügel sowie für Fisch und Krustentiere verwendet.

20

Das fröhliche Trio

Alexandra, Annette und Christine Reck in Recks Hotel Restaurant in Salem

Adresse
Recks Hotel Restaurant
Bahnhofstraße 111
88682 Salem
Telefon +49 (0) 7553 2 01
recks-hotel@t-online.de
www.recks-hotel.de

Öffnungszeiten
Fr–Di 12–14 Uhr, 18–22 Uhr
Do 17–22 Uhr
Hotel: kein Ruhetag

Anfahrt
Von der L205 (Neufracher- und Stefansfelder Straße) bis zum Kreisel in Salem fahren. Von Norden kommend die erste Ausfahrt nehmen. Das ist die Bahnhofstraße, dieser folgen. Das Hotel befindet sich rechts, kurz bevor die Straße eine Rechtskurve beschreibt.

Aus Leidenschaft, Temperament, Können und viel Fröhlichkeit besteht das Rezept der drei Reck-Schwestern, mit dem sie ihre Gäste zu glücklichen Stammgästen machen. Das tolle Erbe ihrer Eltern führen sie mit Engagement und Freude fort.

Unberührt vom Rummel am Bodensee finden Gäste in Recks Hotel genau das, was sie suchen. »Sie kommen zu uns, nicht weil sie satt werden wollen, sondern weil sie eine gute Zeit haben möchten, weil sie gut essen und sich umsorgt fühlen möchten.« So erklärt Annette Reck den Erfolg ihres Hotels und Restaurants. Hierfür arbeiten die Schwestern Alexandra, Christine und Annette jeden Tag mit der von den Eltern bereits vorgelebten Tüchtigkeit und mit der von klein auf erlernten, ja vielleicht sogar angeborenen Gastfreundschaft.

Vom Vater mit viel Kunstverstand zusammengetragene Bilder und Objekte schmücken die Räume im eleganten und doch gemütlichen Haus. Mit dem roten Salon, der barocken Salemer Stube, der Bauernstube, der »Galerie«, der schönen Terrasse und den 19 individuellen Zimmern haben sie von ihren Eltern einen rundum gelungenen und gepflegten Betrieb übernommen. Alle drei tragen ihn weiter, jede auf ihrem Posten.

Die Zwillinge Alexandra und Christine, die jüngsten der insgesamt sechs Geschwister, saßen schon als kleine Kinder auf der Spülmaschine in der Küche und wussten, wer was werden wird: Alexandra »Kücherin« und Christine »Bedienerin«. Gelernt hat die heutige Küchenchefin Alexandra ihr Handwerk im Hotel Colombi in Freiburg. Eineinhalb Jahre arbeitete sie bei Dieter Müller im Schlosshotel Lerbach. Seit 18 Jahren führt die dreifache Mutter als Nachfolgerin ihres Vaters die Küche in Recks Hotel. Für sie sind die frischen Bodenseefische – von der Forelle bis zur Trüsche – die liebsten Rohstoffe. »Ehrlich, regional und handwerklich«,

Annette, Alexandra und ihre Zwillingsschwester Christine Reck sind das Führungstrio in Recks Hotel.

sagt sie, »ist meine Küche, und unverschnörkelt.« Schon ihr Vater hat beim selben Fischer eingekauft. Hier hat Tradition eben noch einen hohen Stellenwert und ist keine Floskel.

Christine hat ihre Ausbildung zur Hotelfachfrau genauso wie ihre Schwester Annette im Romantikhotel Wehrle in Triberg absolviert. Sie, die ihr Taschengeld einst schon im Service verdiente, bevor sie überhaupt richtig an den Zapfhahn herangekommen ist, ist seither fast ununterbrochen im elterlichen Betrieb tätig. Sie ist einerseits fürs Hotel zuständig, immer noch tatkräftig von der Mutter unterstützt, und bedient mit Leidenschaft und Umsicht ihre Gäste. Weil Alexandra Reck Fische gern als Ganzes zubereitet – »die schmecken einfach besser« –, werden sie von ihrer Schwester am Tisch filetiert. Die zweifache Mutter Christine hätte gern etwas mehr Zeit für die Familie. Aber es ist, wie es ist. Der Betrieb geht vor, die Gäste sind ihr genauso wichtig.

Die barocke »Salemer Stube« ist mit Antiquitäten reich bestückt und ein eleganter Raum für viele Feierlichkeiten. Die Streuobstwiese versorgt das Haus mit Apfelsaft und -most und bildet eine schöne Kulisse für die Gartenterrasse.

Annette, die sich selbst als die Freidenkerin der Familie bezeichnet, hat sich mit dem Einstieg in den Betrieb etwas mehr Zeit gelassen. Die temperamentvolle Perfektionistin wurde Hotelfachfrau und studierte sogar noch Tourismus. Sie arbeitete anschließend in Bangkok, in Südamerika, auf einem Kreuzfahrtschiff, in Genf und in Paris, dazu auch in einigen deutschen Orten, bevor sie das Elternhaus als Wirkungsstätte wählte.

So unterschiedlich die drei Schwestern sind, so stark sind bei jeder die familiären Bande. Sie ziehen an einem Strang und stemmen die mannigfaltigen Herausforderungen in Recks Hotel gemeinsam. »Das Haus ist in einem sehr guten Zustand. Es wurde immer wieder neu investiert, was zuvor verdient worden ist«, erklärt Annette Reck. Die Eltern der drei haben das Haus 1967 erworben und anschließend peu à peu zu dem gepflegten Hotel ausgebaut, das es heute ist. Zuletzt kam die Galerie dazu, das ehemalige Theaterhaus der Dorfgemeinde aus dem 19. Jahrhundert. Heute wird das mit Liebe renovierte Haus für Events mit bis zu 120 Personen genutzt. Es ist die perfekte Ergänzung des Gesamtensembles.

Die meisten Gäste im Recks Hotel sind Stammgäste. Die Schwestern brauchen keine Kategorisierung und keine Werbung. Waren die Eltern schon Gäste, kommt auch die nächste Generation gerne in dieses kleine, feine Haus.

Der elegante »rote Salon«, auch »Pianostube« genannt, verströmt eine angenehm warme Atmosphäre, die nicht zuletzt von den vielen Kunstwerken stammt. In der »Galerie« finden Hochzeiten und andere große Feiern statt.

Ausflugstipp:
Pfahlbaumuseum

In Unteruhldingen steht im Bodensee das Pfahlbaumuseum und lässt die Stein- und Bronzezeit wiederaufleben. In geführten Rundgängen erlebt man eine spannende Zeitreise, erfährt Wissenswertes aus den Werkstätten des Töpfers und des Bronzegießers, besucht das Haus der Hirten oder des Dorfoberhaupts. Man kann spektakuläre Originalfunde betrachten und Begleitausstellungen besuchen.
Informationen: www.pfahlbauten.de

Rote-Bete-Carpaccio mit Rucoladressing und Ziegenfrischkäse

Für 4 Personen
4 Rote Bete à 150 g, vorgekocht | grobes Meersalz | zerstoßener bunter Pfeffer | 1 Bund Rucola | 100 ml Aceto balsamico bianco | 50 ml Sonnenblumenöl | Salz | Zucker
Außerdem: 200 g Ziegenfrischkäse | rosa Pfeffer

■ Die Roten Beten in 3 mm dicke Scheiben schneiden und auf vier Teller verteilen. Etwas Meersalz und Pfeffer darüberstreuen.
■ Den Rucola waschen und trocken schleudern. Einige Rucolablätter zum Dekorieren beiseitelegen.
■ Ein Dressing aus Aceto balsamico bianco, Sonnenblumenöl, Salz und Zucker im Mixer herstellen.
■ Das Dressing mit einem Löffel auf die Roten Beten geben und mit den Rucolablättern und Aceto balsamico dekorieren.
■ Zum Schluss eine Nocke Ziegenfrischkäse auf jeden Teller geben und mit rosa Pfeffer dekorieren.

Lammkarree auf Ratatouille mit Rosmarinkartoffeln

Für 4 Personen

Für das Lammkarree: 2 EL Erdnussöl | 1 kg Lammkarree | 2 Rosmarinzweige | 2 Thymianzweige | 2 Knoblauchzehen, geschält | 1 Scheibe Toastbrot | 1 kleines Bund glatte Petersilie

Für das Ratatouille: 2 rote Paprikaschoten | 1 Zucchini | 1 kleine Aubergine | 1 kleine rote Zwiebel | 3 EL Olivenöl | 1 TL Tomatenmark | 2 EL Martini | Salz | schwarzer Pfeffer aus der Mühle | 3 Knoblauchzehen, geschält und zerdrückt

Für die Rosmarinkartoffeln: 600 g gekochte Kartoffeln vom Vortag | 2 EL Erdnussöl | 1 Rosmarinzweig | Salz

- Den Backofen auf 150 °C vorheizen.
- Das Erdnussöl in einer Pfanne erhitzen und das Lammkarree auf der Fleischseite anbraten.
- Das Karree in einen Bräter setzen und die Rosmarin- und Thymianzweige sowie die Knoblauchzehen zugeben. Im heißen Ofen 12–14 Minuten garen.
- Die Toastscheibe mit dem restlichen Rosmarin, dem restlichen Thymian und der Petersilie mixen, auf das Karree geben und dieses leicht gratinieren.
- Für das Ratatouille die Paprikaschoten in Viertel schneiden und unter dem Grill weich garen. Dann die Haut abziehen. Zucchino, Aubergine und die Zwiebel in gleich große Stücke schneiden.
- Das Olivenöl erhitzen und das Gemüse anschwitzen. Das Tomatenmark hinzufügen und mit dem Martini ablöschen. Mit Salz, Pfeffer und Knoblauch würzen.
- Die Kartoffeln schälen und in Schnitze schneiden. Das Olivenölin einer Pfanne erhitzen und die Kartoffeln bei leichter bis mittlerer Hitze anbraten, dabei für die letzten Minuten die Rosmarinzweige hinzufügen.
- Zum Anrichten das Ratatouille auf die Teller geben. Das Lammkarree aufschneiden und auf das Gemüse setzen. Mit den Kartoffeln umlegen.

Reiters

21

Genuss an der Koppel

Rosemarie und Sarah-Katharina Reiter im Reiters Restaurant in Iffezheim

Adresse
Reiters Restaurant & Catering
An der Rennbahn 17
76473 Iffezheim
Telefon +49 (0) 7229 6 99 00 71
info@reiters-kochen.de
www.reiters-kochen.de

Öffnungszeiten
Do und Fr 17.30–22 Uhr
Sa und So 11–22 Uhr
Catering, Mietkochservice und Kochkurse nach Absprache

Anfahrt
In Iffezheim der Beschilderung Reithalle und Pferdeklinik folgen. Das Reiters ist im vorderen Teil der Reithalle untergebracht.

Pferdekoppeln, so weit das Auge reicht, eine elegante Rennbahn von internationalem Ruf, eine Reithalle im Rücken und mittendrin die beiden Reiters: Mutter und Tochter sind angetreten, Außergewöhnliches für ihre Gäste zu leisten. Aus dem ehemaligen Vereinslokal wird peu à peu ein Gourmetrestaurant.

Es war Liebe auf den ersten Blick – und zwar für beide. Auf der Hinfahrt zur Besichtigung sahen sie schon von Weitem das hohe, giebelbewehrte und mit einer imposanten Glasfassade bestückte »Reiterstüble«. Dass rechts und links davon an sonnigen Tagen Pferde auf den Weiden grasen, konnten sie bei dem starken Regen zwar nicht erkennen, dass das verwaiste Vereinslokal aber eine ordnende Hand benötigte, das war ihnen sofort klar. Was lag also näher, als den Namen »Reiters« hier zu etablieren?

Mutter Rosemarie und Tochter Sarah-Katharina beendeten ihre Suche nach dem ersten eigenen Restaurant. Sie hatten – als leistungsfähiges Team – bereits einen Mietkochservice betrieben und im Haus von Rosemarie Reiter Candle-Light-Dinners und Kochkurse veranstaltet. Und sie hatten klare Vorstellungen, wie ihr Restaurant sein sollte: Der Gast sollte der Maßstab sein, allein seine Wünsche wollte man erfüllen. Das fröhliche und energische Duo wirkt nun seit einem Jahr zwischen Pferdesporthalle und Koppeln vor den Toren Baden-Badens. Sarah-Katharina ist die Küchenchefin. Mutter Rosemarie steht tagsüber in der Küche und trifft die Vorbereitungen für den Abendservice, bäckt Brot und Kekse, knetet den Teig für die Nudeln, formt Knödel und mischt ihre Lieblingszutaten zu feinen Eiscremes. Im Reiters ist alles hausgemacht. Und jeder findet sein Gericht, ob Vegetarier oder Veganer, ob Wild- oder Fischliebhaber. Auch Gerichte für den kleinen Hunger gibt es.

Rosemarie und Sarah-Katharina Reiter verwöhnen ihre Gäste mit ausgewähltem Essen und höchst aufmerksamem Service.

Das Wild, das schießt Vater Reiter selber und liefert es dann fachmännisch zerlegt in die Küche. Ebenso übrigens Fangfrisches: selbst Gefischtes aus dem Meer; er ist Hochseefischer. Alles andere bezieht das Duo von Kleinbetrieben in der direkten Umgebung.

Für Sarah-Katharina ist die Küche kein Neuland; schon als kleines Mädchen lernte sie von der Oma die Zubereitung von Salatdressings, Apfelküchle und Co. und stellte Mamas Küche auf den Kopf. Der erste Nusskuchen und das damit verbundene Chaos in der Küche ist der Mutter noch heute in guter Erinnerung. Ein Germanistikstudium gab Sarah-Katharina Reiter dann zugunsten einer Ausbildung zur Kauffrau für Marketing und Kommunikation auf und arbeitete anschließend als Mediaberaterin bei einem Radiosender. Daneben aber stand die 27-Jährige immer am Herd und bekochte an den Wochenenden ihre Freunde. »Es gibt wenige Berufe, in denen man Menschen glücklich machen kann. Kochen ist einer davon«, sagt sie, »für mich ist derzeit der schönste Platz der Welt am Herd.«

Den beeindruckenden hohen Raum (rechte Seite) im Reiters haben die beiden Wirtinnen mit auffallend schönen Einzelstücken möbliert und dekoriert. An vielen Tischen genießt man den Blick hinunter in die große Reithalle.

Abends kümmert sich Mutter Rosemarie Reiter um den Service. Sie hat eine beeindruckende berufliche Laufbahn hinter sich. Die gelernte Krankenschwester arbeitete im Vertrieb von Kosmetikartikeln, leitete acht Jahre lang ein Restaurant und später die Filiale einer großen Bäckerei. Essen für Familienfeiern, egal wie groß die Gästeschar auch immer war, bereitete sie stets selber zu. Unterstützt werden die zwei Frauen tatkräftig von der Familie und von guten Freunden. Ins Reiters kommen die Pferdesportler zum kleinen Happen vorbei und die Gourmets zum großen Menü. Für alle wird gesorgt, und die elegante Rennbahn ist um ein feines Restaurant reicher.

Ausflugstipp: Pamina Rheinpark

Westlich von Iffezheim liegt der Pamina Rheinpark beiderseits des Rheins. Der grenzüberschreitende Natur- und Kultur-Erlebnispark macht eine ganze Region zum Museum und erstreckt sich über die Südpfalz, den mittleren Oberrhein und das Nord-Elsass mit Auwäldern, Riedflächen, Wasserläufen und dem Sauer-Delta. Die wechselseitigen Beziehungen der Menschen zum Strom sind in nicht weniger als elf Museen dargestellt, die mit einem Radwegsystem verknüpft sind. Zwei Naturschutzzentren bieten spannende Einblicke und entspannende Naturerlebnisse.
Informationen: www.pamina-rheinpark.org

Tagliatelle mit Wildbolognese und Feldsalat

Für 4 Personen
Für die Tagliatelle: 500 g Mehl | 5 Eier | etwas Olivenöl
Für die Wildbolognese: 2 Bund Wurzelgemüse aus Sellerie, Karotten, Zwiebeln und Lauch | 5 EL Olivenöl | 4 Knoblauchzehen, geschält und fein gehackt | 1 kg Wildhackfleisch | 2 EL Tomatenmark | 250 ml Rotwein | 250 ml Wildfond | 400 g stückige Tomaten (Dose) | Salz | schwarzer Pfeffer aus der Mühle | Zucker | frische italienische Kräuter (Oregano, Thymian, Rosmarin)
Außerdem: 30 g frisch geriebener Parmesan
Für den Feldsalat: 320 g Feldsalat | einige Walnusskerne, halbiert | 1 rote Zwiebel | Knobi-Kracherle (Toastbrotwürfel, in Kräuterbutter mit Knoblauch geröstet) | 1 Bund Schnittlauch
Für das Dressing: 8 EL Walnussessig | 1 kleine gekochte Kartoffel, geschält | ½ rote Zwiebel, geschält und fein gehackt | 1 EL mittelscharfer Senf | 3 EL Olivenöl | Salz | schwarzer Pfeffer aus der Mühle

■ Für die Tagliatelle aus den genannten Zutaten einen glatten, elastischen Teig herstellen und zu einer Kugel formen. In Frischhaltefolie wickeln und 30 Minuten im Kühlschrank ruhen lassen. Anschließend den Teig in kleinen Portionen durch die Nudelmaschine drehen, dabei mit dem größten Walzenabstand beginnen. Den Teig erneut durch die Maschine drehen und den Walzenstand von Mal zu Mal verringern. Anschließend den Teig in Streifen schneiden.
■ Reichlich Salzwasser zum Kochen bringen und die Tagliatelle 2 Minuten bissfest kochen. Anschließend abgießen und sofort mit dem Sugo vermengen.
■ Für die Bolognese das Gemüse waschen und putzen, gegebenenfalls schälen. In kleine Würfel schneiden. 3 Esslöffel Olivenöl in einer tiefen Pfanne erhitzen und das Gemüse anschwitzen. Den Knoblauch hinzufügen.
■ Das restliche Olivenöl in einem breiten Topf erhitzen und das Hackfleisch krümelig braten. Das Tomatenmark dazugeben und mit dem Rotwein und dem Wildfond

ablöschen. Das Gemüse und die Tomaten hinzufügen und etwa 1 Stunde köcheln lassen.

■ Mit Salz, Pfeffer, etwas Zucker und den Kräutern würzen.

■ Den Parmesan getrennt reichen.

■ Den Feldsalat sorgfältig putzen, waschen und trocken schütteln. Die Zwiebel schälen und fein hacken. Den Schnittlauch waschen, trocken schütteln und in Röllchen schneiden.

■ Für das Dressing die genannten Zutaten mit dem Stabmixer pürieren. Kräftig abschmecken.

Flüssige Schokoküchlein

Ergibt 4 Stück
2 Eier | 2 Eigelb | 80 g Zucker | 90 g Kuvertüre (halb Vollmilch, halb Zartbitter) | 100 g Butter, in Würfel geschnitten | 80 g Mehl
Außerdem: Butter und Zucker für die Förmchen | Puderzucker

■ Eier, Eigelbe und Zucker in einer Schüssel schaumig schlagen, bis sich der Zucker gelöst hat und eine cremige Masse entsteht.

■ Die Kuvertüre in einer Schüssel über dem Wasserbad schmelzen. Die Butterwürfel zur Schokolade geben, unter Rühren auflösen und unterziehen.

■ Die Masse zum Eiergemisch geben und unterziehen. Das Mehl sieben und unterheben.

■ Die Förmchen mit reichlich Butter ausstreichen und mit etwas Zucker ausstäuben. Die Förmchen zu zwei Dritteln mit der Masse füllen und über Nacht in den Tiefkühler stellen.

■ Den Backofen auf 180 °C Umluft vorheizen.

■ Die Förmchen kurz vor dem Servieren in den heißen Ofen geben und etwa 13–15 Minuten backen.

■ Wenn die Küchlein nach oben gehen und die Oberfläche Risse bekommt, haben sie den perfekten Garpunkt und lassen sich gut stürzen. Anschließend auf die Teller setzen und mit Puderzucker bestäuben.

22

Aus Liebe zu den Gästen

Inge Tress im Rose Biohotel-Restaurant in Hayingen-Ehestetten

Mit viel Elan, einer Menge Ideen und einer unzähmbaren Leidenschaft hat Inge Tress aus einem Bauernhof mit biologisch-dynamischer Anbauweise eine Oase der Erholung für ihre Gäste geschaffen.

Im Herzen des Biosphärengebiets Schwäbische Alb, im Mai 2009 in die Liste der Unesco-Biosphärenreservate aufgenommen, liegt der 400-Einwohner-Ort Hayingen-Ehestetten. Hier wird der Natur und der Lebensgrundlage der Menschen viel Aufmerksamkeit und Achtung gezollt. Unübersehbar im Herzen des Orts lockt das Ensemble der Rose die Gäste ins Haus oder in den schönen Innenhof. Hier dürfen Einkehrer viel erwarten, sollen sich nach dem Willen der Gastgeberin wohlfühlen und nur mit Gesundem und Bekömmlichem in Berührung kommen.

Inge Tress hat als 19-jährige Bauern- und Wirtstochter 1979 »auf den Hof geheiratet«, der bereits seit 1950 in biologisch-dynamischer Anbauweise betrieben wird. Was die wissensdurstige junge Frau veranlasst hat, sich intensiv mit dem Thema auseinanderzusetzen. Inge Tress ist gelernte Meisterin der ländlichen Hauswirtschaft – in all den Jahren auf dem Hof hat sie auch viele junge Frauen in diesem Beruf ausgebildet –, war mit 27 Jahren Mutter von vier Söhnen, Köchin im Restaurant Rose und täglich auch auf den Feldern tätig. Immer kräftig unterstützt von ihrem Mann Johannes und ihren Schwiegereltern, widmete sie sich dem Thema Vollwertkost. Sie absolvierte eine Ausbildung zur Gesundheitsberaterin nach Dr. Bruker. Fortan gab es im Haus Vollkornspätzle aus frisch gemahlenem Dinkel, aber keinen weißen Zucker mehr. Cola, Fanta und Co. verschwanden von der Karte. Bis heute folgt Inge Tress treu ihrem Erfolgsrezept.

Adresse
Rose Biohotel-Restaurant
Aichelauer Straße 6
72534 Hayingen-Ehestetten
Telefon +49 (0) 7383 94 98 0
info@tress-gastronomie.de
www.tress-gastronomie.de

Öffnungszeiten
Restaurant: April–Oktober
Mi–Mo 11.30–14 Uhr,
17.30–21 Uhr, Sa 11.30–21 Uhr,
So 11.30–21 Uhr
November–März:
Mo und Di Ruhetage
Hotel, Tagungen,
Biomanufaktur: ganzjährig

Anfahrt
Von der L249 (Hauptstraße) aus Richtung Hayingen kommend links in die Aichelauer Straße abbiegen. Das Hotel liegt direkt an der Straße.

Die leuchtend rote Fassade der Rose vermittelt schon von Weitem ein herzliches Willkommen.

Im Restaurant Rose kommt nur Gesundes auf die Tische (unten), in der Kochschule finden regelmäßig Kochkurse statt, natürlich nach biologisch-dynamischen Grundsätzen. Im Gewächshaus gedeihen Inge Tress' Küchenschätze.

»Ich liebe einfach die Gastronomie«, berichtet die lebenslustige Wirtin. Ihr Leitspruch »Nur wer gegen den Strom schwimmt, kommt an die Quelle« brachte der Rose als erstes Hotel in Baden-Württemberg die Bio-Zertifizierung ein. Ihre Gäste sind Inge Tress äußerst wichtig: »Wenn sie als Fremde kommen und als Freunde gehen, habe ich alles richtig gemacht«, sagt sie fröhlich. Das Frühstück für die Hausgäste macht sie jeden Tag selber, zeichnet für die Weinkarte verantwortlich und ist »die gute Seele« des Hauses. Sie leistet ihr großes Pensum zusammen mit ihren Söhnen und ihrer Schwiegertochter. Inge Tress, seit 2008 verwitwet, übertrug nach und nach einzelne Aufgaben an die nächste Generation. Simon ist gelernter Koch und verwöhnt die Esser mit fantasievollen, modernen und gesunden Gerichten, während seine Mutter noch immer das Restaurant führt und die Gäste liebe- und humorvoll betreut – was sie im Übrigen seit 15 Jahren auch in ihrem elterlichen Gasthaus tut.

Wo einst der Schweinestall stand, befindet sich heute die Biomanufaktur. Sohn Simon und seine Mutter geben hier regelmäßig Kochkurse, Inge Tress in Sachen vegetarische Vollwertküche und Simon in Sachen innovative Fleischküche. Daniel Tress ist für das Catering – unter anderem auf Schloss Ehrenfels – und den Gasthof Friedrichshöhle bei der Wimsener Höhle zuständig. Sohn Dominik, der Betriebswirtschaft und Controlling studiert hat, leitet die Vermarktung und den Vertrieb der Suppenproduktion. Christian ist Steuerberater. Zusammen bilden sie die »Küchenbrüder«, brechen mit althergebrachten Sitten und verbinden biodynamische Landwirtschaft und gesunde Ernährung mit Gourmetanspruch. Ihre Suppen, eine Art modernes Fast Food, aber gesund und schmackhaft, gibt es in ganz Europa zu kaufen.

»Das ist eine lebendige Gegend hier«, sagt Inge Tress, »wenngleich abseits vom großen Rummel«, fügt sie hinzu. »Die meisten Gäste kommen wegen der familiären Atmosphäre zu uns, sie genießen diese.« So wie eben auch Inge Tress. Sie ist nicht nur Wirtin mit Leib und Seele, sie lebt auch einen Lieblingssatz ihres verstorbenen Ehemannes: »Das Leben ist die Summe unserer Begegnungen.«

Ausflugstipp: Wimsener Höhle

1447 wird sie erstmals urkundlich erwähnt, ab 1910 vermessen, 723 Meter weit in den Berg hinein bislang. Zehn Prozent davon können Besucher auf einem Kahn befahren. Der Höhle entspringt ein Quellarm der Zwiefalter Ach, der hier seit dem 12. Jahrhundert für eine Mühle gestaut wird. Das ganze Ensemble mit Mühle, Höhle und Gasthof Friedrichshöhle bildet einen romantischen Flecken Erde inmitten der imposanten Natur.

Informationen: www.tress-gastronomie.de/naturerlebnis-wimsen

Speisen im Garten zwischen Hotel und Biomanufaktur, zwischen Gewächshaus und kleinem Erholungsgarten tut Leib und Seele gleichermaßen gut.

Alblinsenofenschlupfer mit Ziegenmaultäschle

Für 4 Personen

Für die Alblinsenofenschlupfer: 100 g Alblinsen | 4 Scheiben Toastbrot | 4 Eier | 200 g Sahne | Salz | schwarzer Pfeffer aus der Mühle

Außerdem: Butter für die Muffinformen

Für die Füllung der Ziegenmaultäschle: 1 Scheibe Toastbrot, eingeweicht | 120 g Ziegenfrischkäse | 1 EL gemischte Kräuter, fein gehackt, z. B. Estragon, Kerbel, glattblättrige Petersilie

Für den Nudelteig: 200 g Dinkelmehl Type 550 | 1 Ei | 1 Eigelb | 1 EL Sonnenblumenöl | Salz | 1 Ei zum Bestreichen

- Den Backofen auf 140 °C vorheizen.
- Die Linsen in reichlich Wasser etwa 12 Minuten weich garen. Abgießen und unter fließendem kaltem Wasser abschrecken.
- Das Toastbrot in kleine Würfel schneiden. Die Eier und die Sahne cremig mixen und mit Salz und Pfeffer würzen. Das Ganze mit den Alblinsen vermengen und die Brotwürfel hinzufügen. In mit Butter ausgestrichene Muffinformen füllen und im heißen Ofen 15 Minuten backen.
- Die Zutaten für die Maultaschenfüllung cremig rühren.
- Die Zutaten für den Nudelteig zu einer glatten Masse kneten. Mit der Nudelmaschine den Teig ausrollen. Mit einem Teigrädchen Quadrate ausschneiden. Darauf jeweils mit einem Löffel etwas Füllung setzen und die Teigquadrate zu Taschen formen.
- Reichlich Salzwasser zum Kochen bringen und die Teigtaschen einlegen. Sobald sie an die Oberfläche steigen, mit einem Schaumlöffel herausnehmen und auf Küchenpapier ablegen.

23

Weibliche Strahlkraft

Tina Rübenacker
in Rübenacker's Restaurant in Keltern-Dietlingen

Adresse
Rübenacker's Restaurant
Bachstraße 41
75210 Keltern-Dietlingen
Telefon +49 (0) 7236 62 89
info@ruebenackers-kaiser.de
www.ruebenackers-kaiser.de

Öffnungszeiten
Mi–Sa ab 18 Uhr
oder nach Vereinbarung
Kochkurse nach Veranstaltungskalender

Anfahrt
Von der A 8, Ausfahrt Pforzheim Süd, Richtung Keltern über die L562. Nach etwa 500 Metern links in die Mozartstraße fahren, anschließend links in die Bachstraße. Das Restaurant befindet sich links an der Straße.

In Tina Rübenackers Gaststube sitzen die Gäste in eleganter und gemütlicher Umgebung und werden von der Wirtin verwöhnt. Wer hier einmal zu Gast war, kommt garantiert wieder.

Es gibt, folgt man einem bekannten Restaurantführer, nicht viele Gründe, in das unscheinbare kleine Keltern-Dietlingen zu fahren. Einer allerdings ist den Umweg wert: Tina Rübenackers Gaststube und die Kochkunst ihres Ehemanns Dietmar. Wer einmal hier war, kommt in der Regel wieder. Das ist zu einem großen Teil auf die charmante Gastfreundschaft Tina Rübenackers zurückzuführen. Mit Umsicht und ansteckender guter Laune waltet die zweifache Mutter erwachsener Kinder in ihrem eleganten Restaurant und berät die Gäste mit Herz und Verstand zur Weinwahl. »Begeistert von meinem Beruf war ich schon immer«, sagt sie und strahlt. Von dieser strahlenden Freude ist bis heute nichts abgeblättert.

Der ehemalige »Kaiser« mitten im Ort bot, was das Ehepaar sich wünschte, als die beiden nach ihren gemeinsamen Lern- und Wanderjahren eine Wirkungsstätte suchten: eine Wirtewohnung über dem Lokal, eine bezahlbare Pacht und die richtige Größe. 1994 zogen sie ein und begannen mit einer sanften, aber durchdachten Revitalisierung des Hauses. Der Charakter des alten Hauses blieb erhalten: Alte Steinfliesen, Türen, Klinken und die Holztäfelung durften bleiben. Mit einem ausgeprägten Sinn für Stil und elegante Gemütlichkeit schuf Tina Rübenacker einen Gastraum, in dem sich alle wohlfühlen und in dem sich die Gerichte von Dietmar Rübenacker entspannt genießen lassen. 36 Plätze bietet das Lokal, für geschlossene Gesellschaften sind es ein paar mehr – man sitzt großzügig.

Mediterran ist die Küche und auch mal Crossover, einige Produkte kommen aus der Region, und die modernen Speisen werden gerne mit ungewöhnlichen exotischen Gewürzen verfeinert. Ein-

Tina Rübenacker wirkt in ihrem Restaurant mit Elan und Freude. An Auszeichnungen in Gastronomieführern mangelt es daher nicht.

Eine gelungene gemütlich-elegante Mischung aus Alt und Neu prägt den Gastraum. Hier lässt sich vorzüglich speisen und feiern, immer auf das Herzlichste von der Wirtin begleitet.

bis zweimal pro Monat kann man an Dienstagabenden bei Dietmar Rübenacker in Kochkursen lernen, wie das geht. Und von Tina Rübenacker erfährt man, welche Weine wozu geeignete Begleiter sind. Sie kauft diese selbst ein, immer passend zum alle sechs bis acht Wochen wechselnden Menü. In den Genuss der frischen Küche kommen zur Mittagszeit die Angestellten renommierter Firmen in der direkten Umgebung. Sie werden vom Restaurant beliefert, und das wiederum gibt dem Ehepaar die Möglichkeit, sich auf das Abendgeschäft mit eigenen Gästen zu konzentrieren. Liebt man es, privat zu speisen, kann man die beiden auch als Koch und Gastgeberin mieten.

Seit 2004 gehört das Haus dem Ehepaar. »Mit unserer eigenen Hände Arbeit haben wir das geschafft«, erzählt Tina Rübenacker stolz – und strahlt. Tina Rübenacker wollte immer kreativ arbeiten können und mit möglichst vielen Menschen in Kontakt stehen. Dietmar Rübenacker ist begeisterter Koch, sie ist seine Botschafterin: »Ich liebe alles, was mein Mann kocht«, sagt sie, »für uns ist wichtig, dass alles, was auf den Tisch kommt, wir auch selber gerne essen.« Das erklärt sicher, warum sie so sehr strahlt, wenn sie die Gäste bewirtet.

Ausflugstipp: Schmuckmuseum Pforzheim

Markgraf Karl Friedrich von Baden begründete die Pforzheimer »Traditionsindustrien«, deren Geschichte nachgezeichnet wird. Zu

bewundern im Reuchlinhaus, einem stilprägenden Bau aus den Jahren 1958 bis 1961, sind neben den einheimischen Arbeiten auch über 1200 Ringe aus allen Epochen der Menschheitsgeschichte, ethnografischer Schmuck, die historische und moderne Sammlung sowie die Uhrensammlung von Philipp Weber. Die wechselnden Sonderausstellungen vermitteln einen Einblick in zeitgenössische Schmuckgestaltung und spannende historische Themen.
Informationen: www.schmuckmuseum.de

Zweierlei vom Irischen Prime Beef mit Artischockenvinaigrette

Für 4 Personen

Für die marinierten Scheiben: 200 g Rinderfilet | Salz | schwarzer Pfeffer aus der Mühle | 1 EL Olivenöl | 1 große Artischocke | 100 ml Portwein | 100 ml Rinderbrühe | 1 Schalotte, fein gehackt | 6 Pfefferkörner | 3 EL dunkler Aceto balsamico | 6 EL Olivenöl

Außerdem: Kresse zum Garnieren

Für das Tatar: 200 g Rinderfilet | 1 Schalotte, fein gehackt | 1 kleine Essiggurke, in kleine Würfel geschnitten | 6 Kapern | 1 TL grobkörniger Senf | 1 Stängel Blattpetersilie | 1 Eigelb | Salz | schwarzer Pfeffer aus der Mühle

- Den Backofen auf 100 °C vorheizen.
- Das Rinderfilet mit Salz und Pfeffer würzen. Das Olivenöl in einer Pfanne erhitzen und das Filet 2 Minuten von jeder Seite anbraten. Anschließend im heißen Ofen 8 Minuten garen.
- Das Filet aus dem Ofen nehmen, in Alufolie einrollen und bis zur Weiterverarbeitung ruhen lassen.
- Die Artischocke vorbereiten, indem der Stiel und die Blätter gekürzt werden. Reichlich Salzwasser zum Kochen bringen, die Artischocke einlegen und je nach Größe 30–40 Minuten kochen. Herausnehmen und mit kaltem Wasser abschrecken. Die Blätter und das Stroh entfernen, den Rest in kleine Stücke schneiden.

■ Den Portwein und die Brühe mit den Schalotten und den Pfefferkörnern aufkochen und 5 Minuten einkochen lassen. Den Sud durch ein Sieb passieren, mit Aceto balsamico und dem Olivenöl verrühren und mit Salz und Pfeffer würzen.
■ Die Artischockenstücke mit einem Teil der Vinaigrette marinieren.
■ Das Fleisch aus der Alufolie nehmen, trocken tupfen, mit einem scharfen Messer in dünne Scheiben schneiden und auf einem Teller fächerförmig anrichten. Mit Salz und Pfeffer würzen und mit der Artischockenvinaigrette überziehen.
■ Für das Tatar das Rinderfilet in sehr kleine Würfel schneiden.
■ Die restlichen Zutaten (außer dem Eigelb) zum Fleisch geben. Mit dem verquirlten Eigelb verfeinern und mit Salz und Pfeffer würzen.
■ Das Tatar formen und auf den Teller zu den marinierten Scheiben setzen. Mit Kresse garnieren.

Croustillade von der Jakobsmuschel, Gambas in Currykruste, Basilikumrisotto und Safransauce

Für 4 Personen

Für die Croustillade von der Jakobsmuschel: 1 große festkochende Kartoffel (geschält) | 1 Eiweiß | 1 EL Mehl | pro Person 2 frisch ausgelöste Jakobsmuscheln (Nüsschen) | 500 ml Öl zum Ausbacken | Salz

Für die Gambas in Currykruste: 4 große Salzwasser-Gambas | Salz | schwarzer Pfeffer aus der Mühle | Zitronensaft | Curry | 2 Scheiben Toastbrot ohne Rinde (mit einer Küchenreibe fein reiben, dann mit Currypulver vermengen) | 2 EL Öl

Für das Pesto: 100 g Basilikum | 20 g Pinienkerne | 40 g frisch geriebener Parmesan | 100 ml Olivenöl | Salz

Für den Risotto: 1 EL Olivenöl | 2 Schalotten, fein gehackt | 240 g Risottoreis (Arborio oder Carnaroli) | 5 cl trockener Weißwein | 1 l Geflügel- oder Gemüsebrühe | 100 g kalte Butter | 80 g frisch geriebener Parmesan | Salz | schwarzer Pfeffer aus der Mühle

Für die Safransauce: 1 Schalotte, fein gehackt | 300 ml Weißwein | 1 Lorbeerblatt | 5 Pfefferkörner | 400 g Sahne | 1–2 Safranfäden | 50 g Butter | Salz | schwarzer Pfeffer aus der Mühle

■ Für die Croustillade die rohe Kartoffel in hauchdünne, möglichst lange Streifen schneiden und in einem Küchentuch ausdrücken.

■ Das Eiweiß und das Mehl mit einer Prise Salz zu einem dicken Teig verrühren.

■ Die Jakobsmuscheln halbieren, in der Eiweiß-Mehl-Masse wenden und locker mit den Kartoffelstreifen umhüllen. Das Öl auf 170 °C erhitzen und die Muscheln goldbraun ausbacken. Dabei gehen die feinen Kartoffelstreifen gitterartig auf.

■ Die Muscheln auf Küchenpapier abtropfen lassen und leicht salzen.

■ Die Gambas aus der Schale brechen, dabei das Schwanzende dranlassen. Den am Rücken entlanglaufenden Darm entfernen. Mit Salz, Pfeffer aus der Mühle, Zitronensaft und Curry würzen und beidseitig in der Currypanade wenden.

■ Das Öl in einer kleinen Pfanne erhitzen und darin die Gambas leicht kross braten.

■ Basilikum, Pinienkerne und Parmesan mit dem Pürierstab fein mixen. Das Olivenöl langsam in kleinen Portionen angießen. Mit Salz abschmecken.

■ Das Olivenöl in einem Topf erhitzen und die Schalotten glasig anschwitzen. Den Reis hinzufügen und mit anschwitzen. Mit dem Weißwein ablöschen.

■ Nach und nach die Brühe angießen (der Reis muss immer knapp mit Flüssigkeit bedeckt sein) und rühren. Nach etwa 20 Minuten, wenn der Reis al dente ist, die Butter und den Parmesan unterrühren. Mit Salz und Pfeffer würzen und mit dem Pesto verfeinern.

■ Die Schalotte mit Weißwein, Lorbeerblatt und Pfefferkörnern in einen Topf geben. Alles aufkochen und auf die Hälfte reduzieren. Sahne und Safran dazugeben und nochmals aufkochen lassen. Die Butter unterrühren und mit Salz und Pfeffer würzen.

■ Den Risotto auf dem Teller anrichten, darauf die Jakobsmuschel-Croustillade geben, daneben die Gambas in Currykruste. Mit der Safransauce überziehen oder beträufeln und nach Belieben mit Basilikumblättern dekorieren.

s Dirlis

24

Ein wirklich frischer Fang

**Claudia und Priska Maurer
in s'Dirlis Fischerstube in Rheinhausen-Oberhausen**

Zwei charmante und fröhliche Schwägerinnen wirken in s'Dirlis Fischerstube. Die Gäste kommen wegen des frischen Fischs und der herzlichen Gastfreundschaft.

Dirli ist alemannisch und bezeichnet einen dünnen Mann. Dünn sind allenfalls die Gräten, die übrig bleiben, wenn Claudia Maurer in der Küche in der Fischerstube in Rheinhausen dem frischen Fang zu Leibe gerückt ist. Der Name stammt von drei Brüdern, Vorfahren der beiden Ehemänner von Claudia und Priska Maurer. Sie waren Fischer auf dem Rhein zu Zeiten, als man in diesem Metier noch reichlich Beute machen und davon leben konnte – und sie waren sehr dünn.

Aus Grillfisch vom kleinen Handkarren, den die beiden Schwägerinnen, jede auch zweifache Mutter, für Gäste der Taubergießen-Fahrten (siehe Ausflugstipps) ihrer Ehemänner zubereitet haben, entstand im Laufe der Zeit eine kleine Straußenwirtschaft. Der Erfolg, den sie mit ihren Fischgerichten bei den Gästen ernteten, führte zu Anbauten am Elternhaus und längeren Öffnungszeiten und schließlich zur liebevoll und kreativ eingerichteten Fischerstube, die man heute das ganze Jahr über besuchen kann. Im Winter speist man in den gemütlichen, von einem Bullerofen beheizten Räumen, im Sommer im lauschigen Innenhof.

Claudia Maurer ist die Köchin, Priska Maurer ist für den Service und die Dekoration zuständig. »Großes Vertrauen zueinander und unsere enge Freundschaft ermöglichen diese Zusammenarbeit«, erzählt Claudia Maurer. »Wir ergänzen uns einfach hervorragend, und die gemeinsame Arbeit bereitet uns sehr viel Freude«, fügt Priska Maurer hinzu. Geradezu ansteckend ist sie, diese Freude.

Adresse
s'Dirlis Fischerstube
Hauptstraße 124 a
79365 Rheinhausen-Oberhausen
Telefon +49 (0) 7643 93 07 08
dirlis@fischerstube.de
www.fischerstube.de

Öffnungszeiten
Do–Sa 17–23 Uhr
So 11.30–15 Uhr
Gruppen über 30 Personen auch außerhalb der Öffnungszeiten

Anfahrt
A 5 von Basel oder Baden-Baden, Ausfahrt Herbolzheim, Richtung Rheinhausen fahren. Beim Kreisel 2. Ausfahrt nehmen, nächste Straße links und 500 Meter in den Ort fahren. S'Dirlis liegt gegenüber der großen Kreuzung.

In s'Dirlis Fischerstube kommen Fischliebhaber voll auf ihre Kosten. Claudia und Priska Maurer sind die charmanten Wirtinnen.

Es geht oft hoch her in der Fischerstube; man sitzt gemeinsam an langen Tischen und kommt schon bald ins Gespräch mit den Tischnachbarn. Natürlich dominieren Fischgerichte die Karte. Als saisonal und fangbedingt angekündigt, bietet sie zum Beispiel Zander-Cordon-bleu, gemischten frittierten Fischteller oder Zanderfilet in Rieslingsauce. Alles ist hausgemacht, die Salate sowieso, aber auch das Brot und alle Saucen. Immer frisch – das versteht sich – und stets in großzügigen Portionen.

Frische Fische zu beschaffen, ist entlang des Rheins und der Taubergießen, jener verzweigten, stillen und romantischen, nicht fließenden Rheinarme – heute ein weitläufiges Naturschutzgebiet –, kein Problem. Claudia Maurers Ehemann Reinhard und sein Bruder Theo, Priskas Ehemann, haben das Fischereirecht geerbt, das die Familie seit dem 16. Jahrhundert besitzt und das stets nur auf die männlichen Nachfahren übertragen wird. Sie sind als Kinder nach der Schule mit Frischfisch in kleinen Kübeln von Haus zu Haus gezogen und haben den väterlichen Fang verkauft. Der Rhein liefert aber heutzutage nicht mehr genug Fisch, um davon leben zu können. Der Beruf wird zum Hobby, die Gäste der Fischerstube aber kommen in den Genuss von Wels, Hecht, Zander, Forelle und Co., die Claudia Maurer in fantasievolle, aber auch klassische Fischgerichte verwandelt. »Wir sind gut vernetzt hier«, erzählt sie, »wir bekommen die Fische von den verschiedensten Fischern in der Gegend.« Und dann werden sie auf die Karte gesetzt. Fangfrisch.

Fantasievoll dekoriert Priska Maurer mit Fundstücken aus der Natur Tische und Töpfe im heimeligen Innenhof.

Ausflugstipps: Europapark Rust und Taubergießen

Der große, berühmte Funpark im nahen Rust zieht jedes Jahr Millionen von Besuchern an – wegen der Fahrgeschäfte für jeden Geschmack und jedes Alter, einer Veranstaltungshalle und vieler anderer Attraktionen. Wer es stiller mag, bucht bei Theo und Reinhard Maurer eine Fahrt in den alten Holzkähnen im Naturschutzgebiet Taubergießen. In der letzten Wildnis am Oberrhein lassen sich unzählige Tiere beobachten, man kommt in den Genuss der einmaligen Flora und erfährt viel über die Geschichte der Rheinfischerei. Informationen: www.europapark.de, www.fischerstube.de

Die Fischerstube ist urgemütlich. Man sitzt auf Stühlen aus aller Welt, isst an schönen alten Holztischen und liest das Speiseangebot auf der großen roten Tafel.

Hechtklößchen in Rieslingsauce

Für 4 Personen

Für die Hechtklößchen: 800 g Hechtfilet | 2 Schalotten, fein gehackt | Salz | schwarzer Pfeffer aus der Mühle | 2 EL Zitronensaft | 200 g Sahne

Für die Rieslingsauce: 3 EL Butter | 2–3 Schalotten, fein gehackt | Salz | schwarzer Pfeffer aus der Mühle | 250 ml Riesling, trocken | 500 ml Gemüsebrühe | 1–2 TL Speisestärke | 250 g Sahne

■ Das gut gekühlte Hechtfilet entgräten und durch den Fleischwolf drehen. Die Masse mit den Schalotten, Salz, Pfeffer und Zitronensaft vermengen. Nach und nach die Sahne einarbeiten, bis die Masse eine lockere, jedoch nicht zu weiche Konsistenz hat. Nochmals mit der Hand sorgfältig kneten.

■ Mit zwei Suppenlöffeln Nocken formen und in reichlich siedendem Wasser 10 Minuten ziehen lassen, alternativ über

Wasserdampf 15 Minuten pochieren. Die Hechtklößchen beiseitestellen.

■ Für die Sauce die Butter in einer Pfanne zerlassen und die Schalotten glasig anschwitzen. Mit Salz und Pfeffer würzen. Den Riesling angießen, einkochen lassen und mit der Gemüsebrühe ablöschen. 10–15 Minuten köcheln lassen und mit der in etwas kaltem Wasser angerührten Speisestärke binden. Mit der Sahne verfeinern.

■ Zum Anrichten die Hechtklößchen in der Rieslingsauce erwärmen und servieren. Nach Belieben mit fein gehacktem Dill oder fein gehackter Petersilie dekorieren.

Gebratener Wels mit Kräuterseitlingen und Graupenrisotto

Für 4 Personen

Für den Wels: 4 Welsfilets à 200 g | Salz | weißer Pfeffer aus der Mühle | etwas Mehl | 1 EL Butter | 4 EL Olivenöl

Für die Kräuterseitlinge: 200 g Kräuterseitlinge | 2 EL Olivenöl | 2 EL Butter | 50 ml Weißwein, trocken | 50 g Sahne | Salz | weißer Pfeffer aus der Mühle | 2 EL Petersilie, fein gehackt

Für den Graupenrisotto: 250 g Graupen | 600 ml Gemüsebrühe | 100 g Sahne | 1 EL Petersilie, fein gehackt | Salz | schwarzer Pfeffer aus der Mühle | 40 g frisch geriebener Parmesan

■ Die Welsfilets mit einem Küchentuch abtupfen und mit Salz und Pfeffer würzen. Anschließend in Mehl wenden.

■ Die Butter und das Olivenöl in einer Pfanne erhitzen und die Filets von beiden Seiten behutsam braten. Aus der Pfanne nehmen und beiseitestellen.

■ Die Kräuterseitlinge in Scheiben schneiden. Das Olivenöl und 1 Esslöffel Butter in einer Pfanne erhitzen und die Pilze kurz anbraten.

■ Die restliche Butter in der Pfanne zerlassen, den Weißwein angießen und einkochen lassen. Die Sahne hinzufügen und mit Salz und Pfeffer würzen. Die Kräuterseitlinge dazugeben und so lange köcheln lassen (etwa 5 Minuten), bis die Sauce die gewünschte Konsistenz erreicht hat. Die Petersilie einrühren.

■ Die Graupen nach Packungsanleitung in der Gemüsebrühe kochen. Anschließend abgießen und etwas Sahne einrühren. Die Petersilie zugeben. Mit Salz und Pfeffer würzen. Mit der restlichen Sahne und dem Parmesan verrühren.

25

Im Tortenparadies

Ulrike Köhler
im Café Sahnehäubchen in Wertheim/Main

Adresse
Café Sahnehäubchen
Hofgarten 2
97877 Wertheim/Main
Telefon +49 (0) 9342 9 34 84 37
info@sahnehaeubchen-hofgarten.de
www.sahnehaeubchen-hofgarten.de

Öffnungszeiten
Mo, Do 8–18 Uhr
Fr–So 9–18 Uhr

Anfahrt
Auf der L2310 von Wertheim kommend nach dem Schlossgarten rechts abbiegen; von der A3 kommend links vor dem Schlossgarten abbiegen. Das Gärtnerhäuschen befindet sich an der Ecke zur Hofgartenstraße.

Aus ihrer Leidenschaft fürs Tortenbacken hat Ulrike Köhler ein kleines, feines Café entstehen lassen. Es ist das perfekte Plätzchen für alle, die eine Schwäche für Kaffee und Kuchen haben.

Manche Träume lassen sich tatsächlich verwirklichen. Graf Friedrich Ludwig zu Löwenstein-Wertheim (1706–1796) ließ sich 1777 als Siebzigjähriger das Eicheler Hofgartenschlösschen am Rande des Wertheimer Parks errichten. Er wollte seine umfangreiche Bibliothek der Öffentlichkeit zugänglich machen und den Menschen Kunst und Kultur nahebringen. Seine Nachfolger formten den 3,6 Hektar großen Garten in einen herrlichen englischen Landschaftspark um, in dem einst Maulbeerbäume neben anderen Laubbäumen und ausgedehnten Rasenflächen standen. Am anderen Ende des heute rekonstruierten Parks steht das kleine Gartenhaus. Und genau dieses suchte sich Ulrike Köhler 2013 für ihren ganz persönlichen Traum aus.

Die fröhliche, energiegeladene Norddeutsche, der Liebe wegen nach Wertheim gezogen, ist Mutter von vier zum Teil bereits erwachsenen Kindern und hat schon immer leidenschaftlich gern gebacken. Gelernt hat sie das bei ihrer Mutter, an deren Seite sie als Kind stets mitgebacken hat. Ihr beruflicher Weg führte allerdings zunächst ins Büro. Sie ist gelernte Steuerfachgehilfin. Der rasch wachsenden Familie hat sie in den folgenden Jahren ihre ganze Aufmerksamkeit und Energie gewidmet – bis das Restaurant im Schlosspark neue Pächter brauchte.

Schon lange wollte sich Ulrike Köhler, die selbst gerne, wie sie verrät, Süßes isst, beruflich der Kuchen- und Tortenbäckerei widmen. Ihr Traumcafé sollte im Grünen stehen und vor allem für die Einheimischen ein Treffpunkt sein. Das romantische Gartenhäuschen, dessen Interieur übernommen werden konnte, war zuvor als

Es braucht nur ein paar Ideen: Mit einer Vielzahl origineller und witziger Utensilien schmückt Ulrike Köhler ihr Café.

Auf der Gartenterrasse mit dem Blick in Graf Friedrich Ludwig zu Löwenstein-Wertheims wahr gewordenen Traum vom englischen Park lassen sich Kaffee und Kuchen naturnah genießen.

Restaurant betrieben worden. Sie war sofort überzeugt, dass ihre Wahl die richtige war. Von einem Tag auf den anderen startete sie die umfangreichen Vorbereitungen für das Sahnehäubchen: den Kredit beschaffen, Bewilligungen einholen, Material besorgen … Und vor allem wollte sie das alles ganz allein schaffen! »Ich wollte keine Hilfe annehmen; ich wollte meine Erfahrungen selber machen«, erzählt sie. Pünktlich zur Eröffnung im Frühjahr 2013 war alles fertig: die Drucksachen, die ersten Kuchen ... »Ohne die große Unterstützung meiner Familie wäre die viele Arbeit während der Eröffnungstage nicht zu schaffen gewesen«, sagt Ulrike Köhler. Sie freut sich über den intensiven Kontakt zu den Gästen, der sie für die viele Arbeit reichlich entschädigt.

Die großzügige Terrasse mit traumhaftem Blick in den wunderschönen Park ist für ausgiebige Kaffeekränzchen ein geradezu idealer Platz. Auf den Tischen stehen handgehäkelte Kuchenstücke als Tischnummern, über den Stühlen liegen warme Plaids bereit. Auf der anderen Straßenseite fließt ruhig der Main, stets befahren von Binnenschiffen und begleitet von radelnden Touristen, die immer öfter auch den Weg ins Sahnehäubchen finden. Die Hauptkundschaft sind die Leute aus dem Stadtteil Hofgarten und der weiteren Umgebung. Sie kommen immer auch gerne zum Frühstück hierher. Mittags haben sie die Wahl zwischen Suppe, Salat, Quiche oder Pfannkuchen. Und immer locken natürlich Ulrike Köhlers Träume: ihre Torten und Kuchen.

In zartem Weiß und hellem Grau, nur mit einzelnen Farbtupfern dekoriert, vermittelt der Gastraum eine heimelig-romantische Stimmung.

Ausflugstipps: Stadt und Burg Wertheim, Wertheim Village

Die mittelalterliche Stadt Wertheim ist ein Touristenmagnet. Besonders gerne wird die Stadt von Amerikanern besucht, von denen viele auf Schiffen vorbeikommen. Es lohnt ein ausgedehnter Spaziergang, der auf der Burg enden darf: Sie ist eine der schönsten und größten Burgruinen Deutschlands, erbaut im 12. Jahrhundert von den Grafen von Wertheim und 1619 bei einer Pulverexplosion zum großen Teil zerstört. Vom Bergfried genießt man einen herrlichen Blick über die Flusslandschaften von Main und Tauber.

Für Shoppingverrückte empfiehlt sich ein Ausflug ins Outletdorf Wertheim Village. Es ist zwar ein »Retortendorf«, das aber mehr Markengeschäfte als die meisten Innenstädte in Baden-Württemberg bietet. Führende internationale Mode- und Lifestyle-Marken verkaufen zu reduzierten Preisen ihre Produkte.
Informationen: www.tourismus-wertheim.de
www. wertheimvillage.com

Kirschkuchen mit Streusel

Für eine Springform mit 28 cm Durchmesser
Für den Mürbeteig: 250 g Mehl | 185 g Butter | 100 g Zucker | 1 Ei | 1 Päckchen Vanillezucker | ½ TL Backpulver
Für den Belag: 2 Gläser Sauerkirschen à 680 g Füllmenge | 1 Päckchen Vanillepudding
Für die Streusel: 80 g gemahlene Nüsse | 40 g Mehl | 60 g Zucker | 60 g Butter | 2 Msp. Zimtpulver

- Aus den genannten Zutaten einen Mürbeteig herstellen und in einer Springform gleichmäßig auslegen, den Rand hochziehen.
- Für den Belag die Sauerkirschen sorgfältig abtropfen lassen. 500 ml Kirschsaft mit dem Vanillepudding aufkochen lassen, die Kirschen unterheben und in die Springform füllen. Den Backofen auf 200 °C vorheizen.
- Für die Streusel die Zutaten sorgfältig verkneten und über den Kirschen verteilen.
- Den Kuchen im heißen Ofen 50 bis 60 Minuten backen.

Frankfurter Kranz

Für eine Kranzform mit 28 cm Durchmesser

Für den Rührteig: 200 g Butter | 200 g Zucker | 1 Päckchen Vanillezucker | 2 EL Rum | 1 Prise Salz | 4 Eier, davon 2 Eier getrennt, das Eiweiß zu steifem Schnee geschlagen | 190 g Weizenmehl | 150 g Speisestärke | ½ Päckchen Backpulver

Für die Buttercreme: 1 Päckchen Vanillepudding | etwas Puderzucker | 500 ml Milch | 250 g weiche Butter

Für den Mandelkrokant: 10 g Butter | 60 g Zucker | 125 g gehackte Mandeln

Außerdem: 3 EL Johannisbeergelee

- Den Backofen auf 180 °C vorheizen.
- Die Butter in einer Rührschüssel geschmeidig rühren. Nach und nach Zucker, Vanillezucker, Rum, Salz sowie nacheinander 2 Eier und 2 Eigelbe unter Rühren hinzufügen.
- Den Eischnee unterheben. Das Mehl mit der Speisestärke und dem Backpulver mischen und unterrühren.
- Den Teig in die Kranzform füllen, glatt streichen und den Kuchen im heißen Ofen 40 Minuten backen.
- Für die Buttercreme den Pudding nach Packungsanleitung kochen, dabei mit Puderzucker und Milch zubereiten. Den Pudding abkühlen lassen, dabei gelegentlich durchrühren. Die Butter geschmeidig rühren und den abgekühlten Pudding esslöffelweise unterrühren.
- Für den Krokant Butter, Zucker und Mandeln so lange in einer Pfanne erhitzen, bis der Krokant gebräunt ist. Aus der Pfanne nehmen und auf einem Stück Alufolie abkühlen lassen.
- Zur Fertigstellung den Kuchen zweimal waagerecht teilen. Einen Boden mit Johannisbeergelee bestreichen, den zweiten mit der Buttercreme. Die restliche Creme außen verstreichen und mit dem Mandelkrokant verzieren.

26

Herzlich willkommen in der Stube!

**Sandra Schäck
in Schäck's Adler in Elzach-Oberprechtal**

Adresse
Schäck's Adler
Waldkircher Straße 2
79215 Elzach-Oberprechtal
Telefon +49 (0) 7682 12 91
info@schaecks-adler.de
www.schaecks-adler.de

Öffnungszeiten
Mi–So 11–24 Uhr

Anfahrt
A 5 Basel-Frankfurt, Ausfahrt Freiburg Nord, Richtung Waldkirch und weiter bis Prechtal. Links nach Oberprechtal; der Adler befindet sich mitten im kleinen Ort rechts an der Hauptstraße.

In Sandra Schäcks »Stube« kommt man, um Schwarzwald pur, ohne Kitsch und Tand, zu genießen. Hier werkelt eine Schwarzwälderin, der das Wirtin-Sein im Blut liegt, für die der Beruf Hobby und Berufung zugleich ist und die sich nichts Schöneres vorstellen kann, als jeden Tag viele Gäste zu betreuen.

Abseits der ausgetretenen Touristenpfade im Hochschwarzwald und mitten im idyllischen Elztal befindet sich das Gasthaus Adler. Oberprechtal, ein kleiner Ortsteil der Stadt Elzach, ist so, wie man sich die Gegend vorstellt: geprägt von imposanten Bauernhöfen, stattlichen Dorfhäusern, unaufgeregt-gemächlichem Gang des Lebens und umrahmt von viel Grün.

In ihre »Stube«, wie Sandra Schäck ihren Gastraum nennt, kommen Leute, die allein schon die Inneneinrichtung mögen. Die Wände sind holzgetäfelt, in der Mitte steht ein imposanter Kachelofen, der an kalten Wintertagen eine wohlige Wärme ausstrahlt. »Da passen ganze Bäume rein«, meint die Wirtin. Im Hintergrund läuft dezent klassische Musik. Die Tische sind elegant gedeckt und geschmackvoll dekoriert. Überall hängt Kunst an den Wänden, Kunst von Freunden wie dem Elsässer Raymond Waydelich und dem Offenburger Stefan Strumbel.

Die Gäste des Adlers, die immer wieder kommen, wissen, was sie hier erwartet. Sie wissen, dass sie vorzüglich bekocht und liebevoll-aufmerksam bedient werden. Sie wissen auch, dass sie hier ein wenig abschalten können. Denn nach dem Willen der Wirtsleute soll man sich hier einfach nur erholen. Acht Gästezimmer, eine moderne »Schwarzwaldbar«, ein kleiner Saal mit Blick auf die Elz hinter dem Haus und die gute »Stube«, das Gärtchen und die Tische

Golden glänzt der Adler im Wirtshausschild und lockt Gäste in Sandra Schäcks »Stube«.

vor dem Haus mit dem Blick auf die Kirche – all das ist einzigartig und wunderschön und garantiert, dass zumindest ein Teil des Faktors Erholung gesichert ist. Teil zwei ist Sandra Schäcks Gastfreundschaft und ihr herzlich-fröhlicher Umgang mit jedem, der in ihr Haus kommt. Wohlgefühl verbreitet die Wirtin, derweil in der Küche die Köstlichkeiten von Ehemann Christoph entstehen, um als Teil drei das Wohlfühlpaket rundum zu vervollständigen. »W-Lan und ähnliche Störenfriede haben wir hier nicht«, erklärt die Wirtin, »die Gäste sollen ihre Ruhe haben!«

Das Reh auf dem Teller stammt aus eigener Jagd, Christoph Schäck ist leidenschaftlicher Jäger. Und seine Jagdfreundschaften ermöglichen es, dass hier Wildgerichte wie die selten gewordenen Fasane serviert werden. Die Forellen für das Schwarzwald-Sashimi und andere verführerische Fischgerichte schwimmen in der Elz, die hinter der Küche vorbeifließt. Die Pfifferlinge gedeihen in den steilen Waldstücken und werden von den Einheimischen in die Küche gebracht. Das nahe Elsass liefert andere kulinarische Köstlichkeiten ebenso wie die Bauern des Elztals, die sich oft mit Produkten erkenntlich zeigen, die nicht zum gastronomischen Alltagseinerlei gehören. »Wir wollen eine authentische, ehrliche Küche bieten«, sagt der Küchenmeister. Das Motto drückt sich auch in der Weinkarte aus; die meisten Tropfen stammen aus dem Badischen. Sie werden von Sandra Schäck und ihren »Leuten« klassisch in eleganter Tracht und gekonnt serviert.

»Das Haus ist zu uns gekommen«, erzählt Sandra Schäck, »nicht umgekehrt.« Nach ihren weniger guten Erfahrungen im ersten gemeinsamen Gasthaus wollten die Schäcks sich mit ihren drei Kindern kein Restaurant mehr ans Bein binden. Es kam zum Glück anders. Der Adler stand leer, ständige Pächterwechsel hatten ihm zugesetzt. Die Besitzerfamilie stand so lange hartnäckig vor der

Plätze am Kachelofen sind besonders beliebt, und in der Bar wird der Schwarzwald auf moderne Art interpretiert – mit Bildern von Stefan Strumbel.

Die holzgetäfelten Räume im Adler sind so gemütlich wie elegant. Am runden Tisch im Herrgottswinkel, der in keiner Schwarzwaldstube fehlen darf, lässt sich ein feines Mahl mit Blick auf ein paar ausgewählte Kunstwerke genießen.

Tür von Sandra und Christoph Schäck, bis das Paar sich schließlich zu einer Besichtigung bereit erklärte. Das 300 Jahre alte Haus imponierte den beiden und eroberte langsam, aber sicher ihre Herzen. »Man muss in ein Haus hineinhören und verstehen, was es einem sagen will«, sagt Sandra Schäck, um zu erklären, warum sie was und wie im Adler macht. Sie pflegt eine enge, freundschaftliche und persönliche Beziehung zu ihren Gästen. »Mein Hobby sind diese Menschen«, sagt sie, »die ›Stube‹ ist mein Wohnzimmer, unsere ›Leute‹ sind unsere Familie.«

Wer einmal den Weg in den Adler gefunden hat, kommt immer wieder. Hier werden ganz junge Gäste aus dem Dorf genauso wie »alte« Badener aus dem nahen Freiburg zu lieben Stammgästen.

Ausflugstipp: Waldkirch, die Orgelstadt

1834 legte Ignaz Blasius Bruder (1780–1845) mit seiner Werkstatt in Waldkirch den Grundstein für die heute noch weltweit bekannte Tradition des Drehorgelbaus. Kirchenorgeln und Drehorgeln werden bis heute in Waldkirch hergestellt und haben nichts von ihrer Faszination verloren. Es gibt einige Museen, Ausstellungen und Rundgänge zum Thema im Ort. Zum 200-jährigen Jubiläum 2006 entstand die »Straße der Waldkircher Orgeln« mit Museen, Orten und Veranstaltungen. Sie führt auch über Waldkirch hinaus und hält viel Spannendes bereit.
Informationen: www.sdwo.de, www. stadt-waldkirch.de

Zarte Kalbsleber mit feinen Calvados-Äpfelchen

Für 4 Personen

400 g enthäutete Kalbsleber | 1 Apfel | 1 EL Butter | 1 TL Zucker | 2 EL Butterschmalz | Salz | schwarzer Pfeffer aus der Mühle | 1 cl Calvados | 50 ml Kalbsjus | 200 g Sahne, geschlagen

- Die Kalbsleber in kleine Stücke schneiden. Den Apfel schälen, entkernen und das Fruchtfleisch in Schnitze teilen.
- Die Butter in einer Pfanne zerlassen und die Apfelschnitze mit etwas Zucker karamellisieren.
- Das Butterschmalz in einer Pfanne zerlassen und die Leber kurz und scharf von beiden Seiten anbraten. Mit Salz und Pfeffer würzen. Äpfel, Calvados und Jus hinzufügen. Mit der geschlagenen Sahne verrühren.
- Im Adler werden als Beilage Bratkartoffeln oder goldgelbe Rösti gereicht.

Sommerreh

Für 4 Personen

Für das Reh: 700 g Rehrücken ohne Knochen | Salz | schwarzer Pfeffer aus der Mühle | 3 EL Pflanzenöl | je 1 Zweig Rosmarin und Thymian

Für die Wildjus: 1 kg Wildknochen mit Fleisch | 60 g Schalotten | 2 Knoblauchzehen | 1 Frühlingszwiebel | 100 g Karotten | 100 g Staudensellerie | 1–2 EL Olivenöl | ½ Apfel, geschält, entkernt und in Stücke geschnitten | 2 Thymianzweige | 1 Rosmarinzweig | 1 EL Wacholderbeeren | einige schwarze Pfefferkörner, zerdrückt | Meersalz | 1 EL Tomatenmark | 200 ml vollmundiger Spätburgunder | 50 ml Preiselbeersaft | 750 ml dunkler Wildfond

- Den Rehrücken in vier gleich große Portionen teilen und mit Salz und Pfeffer würzen.
- Den Backofen auf 120 °C vorheizen.
- Für die Wildjus die Knochen in Stücke hacken. Die Schalotten und die Knoblauchzehen schälen und fein hacken. Die Frühlingszwiebel putzen, waschen und in Ringe schneiden. Die Karotten schälen und in grobe Würfel schneiden. Den Sellerie waschen und ebenfalls in Würfel schneiden.
- Das Olivenöl in einem breiten Topf erhitzen und die Knochen goldbraun rösten. Schalotten, Knoblauch, Frühlingszwiebeln, Karotten, Sellerie, die Apfelstücke und Kräuter sowie sämtliche Gewürze zufügen und mit anbraten.
- Das Tomatenmark unterrühren und den Rotwein sowie den Preiselbeersaft angießen. Die Flüssigkeit fast vollständig reduzieren und mit dem Wildfond auffüllen.
- Nun die Hitze reduzieren und 1 Stunde köcheln lassen. Anschließend den Fond durch ein feines Sieb passieren, entfetten und auf die Hälfte reduzieren. Abschmecken. Jus, die nicht benötigt wird, in Gläser abfüllen.
- Das Öl in einer Pfanne erhitzen und die Rehscheiben von jeder Seite 1 Minute anbraten. Die Kräuterzweige einlegen. Im heißen Ofen etwa 5 Minuten weitergaren.
- Jeweils eine Portion Reh auf dem Teller anrichten und mit der Wildjus überziehen. Vorzugsweise mit sautierten Pfifferlingen, frischem Blattspinat und hausgemachten Gnocchi servieren. Mit frischen Beeren und Parmesanspänen dekorieren.

27

Gastgeben mit Esprit

Alexandra Wekerle
im Gasthaus Schwanen in Stühlingen-Schwaningen

Der Schwanen ist ein traditioneller Landgasthof und das Zuhause und Wirkungsfeld von Alexandra Wekerle und ihrer Familie. Gekonnt kombiniert sie Altes mit Neuem und kreiert so den modernen Landgasthof.

Der Schwanen ist ein altehrwürdiges Haus. Er befindet sich mitten im Dorf gegenüber der Kirche und war immer schon ein Familienbetrieb. Alexandra und Markus Wekerle sind hier die Wirte, im malerischen Mehrenbachtal, seit 18 Jahren in der dritten Generation. Ihr obliegt der Service und die Gästebetreuung, er ist Küchenchef und Jäger. Sie leben mit ihren drei Kindern im Haus und sind Gastgeber mit Leidenschaft und Esprit. Die temperamentvolle Oberbayerin hat viele »Baustellen« und sprüht nur so vor Ideen und Einfällen.

Alexandra Wekerle hat ihre Ausbildung zur Restaurantfachfrau in Waging am See in Alfons Schuhbecks Kurhausstüberl absolviert. Zusammen mit ihrem Mann hat sie ein paar weitere Stationen in Deutschland hinter sich, zum Beispiel »Pomp, Duck and Circumstance« bei H. P. Wodarz und im Käfer Bistro in Wiesbaden. »Alles sehr lehrreich«, sagt sie, »aber schließlich wollte ich doch lieber wieder aufs Land.« Und, so fügt sie hinzu: »Guat gfallt's mir im Badischen …«

Alexandra Wekerle ist leidenschaftliche Sammlerin. Ihre rund 130 Nussknacker, denen sie im Laufe der Jahre eine neue Heimat gegeben hat, stehen allwinterlich auf dem Ofen in der Gaststube. Schwäne in jeder Form und Größe bevölkern die Stube oder versehen ihren Dienst als Serviettenhalter. Möbel, Tische, Stühle, Schränke, Kleiderhaken – nichts, was sich nicht zu sammeln lohnte. Viele dieser Stücke haben seit August 2013 ein neues, elegantes Zuhause gefunden. Wekerles konnten das alte Pfarrhaus gegenüber vom Schwanen kaufen und haben daraus ein Gästehaus gebaut, das

Adresse
Gasthaus Schwanen
Talstraße 9
79780 Stühlingen-Schwaningen
Naturpark Südschwarzwald
Telefon +49 (0) 7744 51 77
info@gasthaus-schwanen.de
www.gasthaus-schwanen.de

Öffnungszeiten
Do–Sa, Mo, Di 17–24 Uhr;
mittags ab 6 Personen nach Reservierung;
So 10–14.30 Uhr, 18–21 Uhr
Mi Ruhetag, im Winter auch Do geschlossen

Anfahrt
Zwischen Titisee und Schaffhausen (CH) an der B315 liegt Schwaningen im Mehrenbachtal. Der Schwanen befindet sich links gegenüber der Kirche.

Ein stolzer Schwan freut sich über den exklusiven Blick auf das Gästehaus »Villa Pfarrhus«.

Das Rosenzimmer ist bunt-elegant, und in der »Stube« dominieren die Farben aus der Heimat der Wirtin: bayrisch Weiß und Blau.

seinesgleichen sucht. »Alles, was wir erhalten konnten, haben wir erhalten«, erklärt die Wirtin, »die besonderen Fenster ebenso wie die Türen und die Böden.« Mit einem befreundeten Innenarchitekten und Möbelhändler katalogisierte sie ihre Sammlerstücke, bevor sie sie nachher mit modernen Designermöbeln und -lampen kombinierte. Drei Apartments, zwei originelle Maisonette-Suiten und ein Doppelzimmer sind mit der Villa Pfarrhus zu den neun Zimmern des Schwanen dazugekommen. Es sind äußerst gelungene Räume, die die mutige Handschrift der Hausherrin tragen.

Mit viel Elan und Schwung geht Alexandra Wekerle auch ihrer Hauptbeschäftigung nach. Sie bedient die Gäste herzlich und kenntnisreich. Und zwar jeden Tag, an dem der Schwanen geöffnet hat. Sie bildet Restaurantfachleute aus und kümmert sich zwischendurch um die Kinder oder brütet neue Ideen aus. Abends ist das Restaurant stets sehr gut besucht, und Sonntagmittag, zum klassischen »Sonntagstisch«, »stehn's schon um halb zwölf vor der Tür«, sagt die Hausherrin. Ihre Gäste kommen in den Schwanen, weil sie mit viel Herz empfangen werden und weil hier Raritäten zubereitet werden. Das Wild aus eigener Jagd zum Beispiel wird komplett verarbeitet – vom Zünglein bis zur Rehbratwurst. Die Karte ist saisonal und regional geprägt, Wekerles ehren damit die Vielfalt ihrer direkten Umgebung.

Zum Schwanen gehört eine Brennerei. Einige außergewöhnliche Raritäten und Edelbrände entstehen hier, beispielsweise der »Spiriti Canella«-Zimtgeist oder der Wacholderbrand »Schwanen-Gin«. Neuerdings reift sogar Whisky in den Fässern. Alexandra Wekerle hat eine Ausbildung zur Edelbrand-Sommelière absolviert. Und bei den Vorarbeiten ist er dann auch da, der Familiengeist. Alle helfen mit.

Ausflugstipp: Der Rheinfall bei Schaffhausen

Der Rheinfall ist die Folge einer eiszeitlichen Verlagerung des Rheins. Über die 23 Meter breite und 15 Meter hohe Kalksperre donnert das Wasser in das 13 Meter tiefe Becken und bietet ein eindrückliches Spektakel. Je nach Tages- und Jahreszeit verändert sich das fesselnde Bild des größten Wasserfalls in Europa. Die Besteigung der beiden Felsen inmitten des tosenden Wassers ist einer der Höhepunkte eines jeden Rheinfall-Besuchs. Im Adventure-Park kommen Abenteuerlustige voll auf ihre Kosten: 165 Hindernisse hat der Parcours, spektakuläre Ausblicke auf den Rheinfall gibt es als Belohnung für den Mut gratis obendrauf.

Informationen: www.rheinfall.ch und www.ap-rheinfall.ch

Eine gelungene Mischung aus Sammler- und Designerstücken machen aus der »Villa Pfarrhus« ein stylisches Feriendomizil.

Will man echt bayrische Knödel mit perfekter Konsistenz zubereiten, sollte besser zu Beginn ein Probeknödel hergestellt werden. Dazu aus einer kleinen Teigmenge einen Knödel formen und diesen etwa 5 Minuten wie im Rezept beschrieben garen. Ist dieser zu weich oder fällt auseinander, muss noch etwas Mehl unter den Teig gemischt werden.

Sauerbraten und Kartoffelknödel

Für 6 Personen

Für die Beize: 250 ml Rotwein | 150 ml Rotweinessig | 200 ml Wasser | 1 TL Wacholderbeeren | 2 Nelken | 2 Lorbeerblätter | 1 TL Senfkörner | 100 g Wurzelgemüse aus Karotten, Knollensellerie und Petersilienwurzel | 3 Zwiebeln

Für den Braten: 20 g Butterschmalz | 1 kg Rinderbratenstück (vorzugsweise Bugblatt aus der Schulter) | 500 ml Rinderbrühe | 3 TL Stärkemehl | Salz | schwarzer Pfeffer aus der Mühle | 30 g Zucker

Für die Kartoffelknödel: 1 Scheibe Toastbrot | 1 EL Butter | 400 g Kartoffeln | Salz | frisch geriebene Muskatnuss | 40 g Mehl | 40 g Kartoffelstärke | 1 Ei | etwas Petersilie, fein gehackt | 1 kleine Zwiebel

■ Für die Beize Rotwein, Rotweinessig, Wasser, Wacholderbeeren, Nelken, Lorbeerblätter und Senfkörner zum Kochen bringen. Vom Herd nehmen und abkühlen lassen. Das Wurzelgemüse schälen und in grobe Würfel schneiden. An die Beize geben. Die Zwiebeln schälen, in grobe Stücke schneiden und ebenfalls hinzufügen.

■ Das Fleisch nach Möglichkeit vier Tage in der Beize ziehen lassen, dabei ab und zu wenden. Anschließend herausnehmen und trocken tupfen.

■ Das Butterschmalz in einem Bräter erhitzen und das Fleisch rundum kräftig anbraten. Mit etwas Beize ablöschen. Die Hitze reduzieren, zudecken und das Fleisch 90 Minuten schmoren. Dabei immer wieder mit Beize begießen (etwa 500 ml).

■ Das Fleisch aus der Flüssigkeit nehmen und in Alufolie gewickelt warm halten. Den Bratensaft mit der Brühe auffüllen, aufkochen lassen und mit kalt angerührtem Stärkemehl binden. Die Sauce mit Salz, Pfeffer und Zucker würzen.

■ Für die Knödel die Toastbrotscheibe entrinden und in kleine Würfel schneiden. 1 Esslöffel Butter in einer Pfanne zerlassen und die Brotwürfel goldbraun rösten. Beiseitestellen.

■ Die Kartoffeln waschen und in einem Topf mit kaltem Wasser bedecken. Zugedeckt aufkochen lassen und bei mittlerer Hitze 20–25 Minuten weich kochen. Das Wasser abgießen und die Kartoffeln auf der ausgeschalteten Herdplatte im Topf ausdampfen lassen.

■ Die Kartoffeln schälen und noch heiß durch die Kartoffelpresse drücken oder mit einem Kartoffelstampfer zerstampfen. Vollständig auskühlen lassen.

■ Die Kartoffelmasse mit Salz und etwas Muskat würzen. Mit dem Mehl und der Kartoffelstärke bestreuen und mit den Händen locker untermischen. Das Ei verquirlen und mit einer Gabel untermischen. Das Ganze mit den Händen rasch zu einem glatten Teig zusammendrücken. Nach Bedarf noch etwas Mehl oder Stärke zugeben.

■ Die Zwiebel schälen und fein hacken. Die restliche Butter in einer Pfanne zerlassen und die Zwiebeln goldgelb anschwitzen.

■ Den Kartoffelteig mit stärkebemehlten Händen zu acht Knödeln formen, dabei mit Brotwürfeln, Petersilie und Zwiebeln füllen.

■ Reichlich Wasser in einem großen Topf zum Kochen bringen und leicht salzen. Die Knödel in das kochende Wasser geben. Aufkochen lassen, anschließend die Hitze reduzieren und die Knödel halb zugedeckt 15–20 Minuten ziehen lassen. Wenn die Knödel an die Oberfläche steigen, mit einer Schaumkelle herausnehmen, sorgfältig abtropfen lassen.

Eine der Küchen in der »Villa Pfarrhus«, bestückt mit Sammlermöbeln der Wirtin (oben). Grüner Walnussgeist, »Suure Chriesi« (Sauerkirschbrand) und ein Topinamburschnaps, alle von Hand abgefüllt und verkorkt.

28

Die Mama-San von Tübingen

Sabine Koschorrek
im Café & Restaurant Tatami in Tübingen-Derendingen

Adresse
Café & Restaurant Tatami
Magazinplatz 2
72072 Tübingen-Derendingen
Telefon +49 (0) 7071 7 70 46 45
kontakt@tatami-restaurant.de
www.tatami-restaurant.de

Öffnungszeiten
Tatami Lounge: Di 18–22 Uhr
Sushi, warme Küche:
Mi–Sa ab 18 Uhr

Anfahrt
Von der B27 in die Waldhörnlestraße abbiegen. Beim Kreisverkehr Richtung Steinlachwasen fahren, dann rechts in die Raichbergstraße und wieder links in die Paul-Dietz-Straße, dann noch mal links auf den Magazinplatz. Das Restaurant befindet sich rechts im ersten Haus.

Einfach nur Essen anzubieten, ist Sabine Koschorrek nicht genug. Sie will im modernen Restaurant Tatami vieles vom traditionellen Japan vermitteln.

Mit »tatami« bezeichnet das Japanische eine Matte aus Reisstroh, auf der man sich traditionellerweise zum Essen oder zum Schlafen niederlässt. Es ist auch ein Flächenmaß: Sechs Tatami klein ist ein normales japanisches Zimmer, das entspricht etwa 10 Quadratmetern. Tatami heisst aber auch: vielerlei Geschmack. Sabine Koschorrek, Wirtin im Tatami, dem japanischen Restaurant im modernen Öko-Mühlenviertel in Tübingen-Derendingen, will ihren Gästen viele Geschmacksvarianten nahebringen. Die studierte Ethnologin und weit gereiste Tübingerin hat sich bei dem Konzept für ihr Restaurant von den sechs Jahren, die sie zusammen mit ihrem Ehemann als Sprach- und Ethnologielehrerin in Japan verbrachte, leiten lassen.

Nach ihrer Rückkehr nach Deutschland stand sie vor der Frage: Wie weiter? Es reifte die Idee, die japanische Kultur, die sie so sehr schätzen gelernt hatte, vielen Menschen zu vermitteln, vielen Gästen … 2010 eröffnete sie, unterstützt von ihren aus Japan stammenden Mitarbeitern, das kleine, feine Lokal. Noch immer nimmt sie sich viel Zeit für die Menschen, die bei ihr einkehren. Gerne geht sie mit wachsamem Auge von Tisch zu Tisch. Sie hilft bei der Wahl der Speisen, erklärt die Begriffe und beschreibt die Zutaten und Zubereitungsarten, erzählt von Japan und seiner für viele hierzulande rätselhaften Kultur. Ab und zu steht sie hinter der Sushi-Theke, rollt Makis und bereitet Nigiris zu oder hilft in der Küche.

Sabine Koschorrek und Keiko Sako pflegen im Tatami die kulinarischen Traditionen Japans.

Die Karte im Tatami besteht allerdings aus mehr als Sushi, so wie die japanische Küche sowieso eher eine warme denn eine

kalte ist. Sushi isst man im Land der Morgenröte gerne zu den übrigen Speisen und gerne auch zu einer – getrunkenen – Suppe. Sabine Koschorrek achtet streng auf die Herkunft der Produkte und wählt sie mit Sorgfalt und Verständnis für die größeren Zusammenhänge aus. Ihr Gelbflossenthunfisch ist korrekt mit der Leine gefangen, Lachs, Muscheln und andere Früchte des Meeres stammen aus zertifiziert nachhaltiger Fischerei, auf gefährdete Arten wie Aal und roten Thunfisch verzichtet sie ganz. Das Fleisch kommt von »Neuland«, die übrigen Zutaten stammen – soweit möglich – aus biologischer oder nachhaltiger Landwirtschaft. »Es ist mir ein großes Anliegen, solche Produkte anzubieten«, sagt die Wirtin. Vegetarier kommen im Tatami genauso wenig zu kurz wie Gäste, die kein Gluten vertragen. Sake und Tees der umfangreichen Teekarte servieren die jungen Japanerinnen gekonnt und mit freundlichem Lächen.

Im Tatami sitzt man an niedrigen Tischchen auf traditionellen Tatami-Matten und -Kissen. Die Zubereitung von Matcha-Grüntee will gelernt sein. Man kann es sich im Tatami vom fachkundigen Personal zeigen lassen.

Auch wenn die Tage im Tatami für Sabine Koschorrekt manchmal lang sind, macht die Arbeit und der Kontakt zu ihren Gästen sie glücklich. »Es bereitet mir große Freude, meinen Gästen eine neue Welt zu zeigen«, erzählt sie, »meine ›Kulturvermittlung‹ wird gerne angenommen, ja sie wird geschätzt.« Zur Kulturvermittlung gehören auch Sprachkurse, die Keiko Sako im Tatami abhält, sprachlich-kulturelle Reisevorbereitungen und Musikabende mit ganz unterschiedlichen Bands.

Die Besuche im kleinen, feinen Tatami sollen, nach dem Willen der Wirtin, mehr sein als einfach japanisch essen. Und dafür nimmt sie sich gerne Zeit.

Ausflugstipp: Burg Hohenzollern

Sie ist von Weitem zu sehen, ragt viertürmig und majestätisch in den Himmel und sieht genauso aus, wie man sich ein Königsschloss schon immer vorgestellt hat: die Burg Hohenzollern. Sie befindet sich im Familienbesitz derer von Hohenzollern und ist Stammsitz des preußischen Königshauses. Es werden Führungen unterschiedlichster Couleur angeboten, auch für Kinder. Zu bewundern sind die große Kunstsammlung, die deutsche Königskrone, kostbares Silber und Porzellan und imposante Räume.
Informationen: www.burg-hohenzollern.com

Sushi-Reis

Ergibt etwa 800 Gramm
400 g Reis
Für die Essigwürzmischung: 4 EL Reisessig | 4 EL Zucker | 2 TL Salz | 1 Streifen Konbu

■ Den Reis in ein Sieb geben und dieses in eine Schüssel hängen. Mit lauwarmem Wasser etwa fünfmal spülen, das Wasser immer wieder abgießen. Am Schluss sollte das Wasser noch leicht milchig bleiben. Den Reis etwa 10–15 Minuten trocknen lassen.
■ Den Reis mit 460 ml Wasser (400 ml plus 15%) in einen Topf geben und zugedeckt zum Kochen bringen. Sobald der Reis kocht, die Hitze auf die unterste Stufe reduzieren. Der Reis soll zugedeckt nun nur noch dämpfen. Das dauert etwa 10 Minuten. Auf keinen Fall in dieser Zeit den Deckel anheben.
■ In der Zwischenzeit die Würzmischung vorbereiten. Die genannten Zutaten in einen Topf geben und erwärmen, bis Zucker und Salz sich gelöst haben. Den Konbustreifen wieder entfernen.
■ Den Reis aus dem Topf nehmen, in eine Schüssel geben und mit der Würzmischung vermengen – am besten mit einem Plastikspatel (Shamoji). Die Essig-Reis-Mischung mit einem warmen, feuchten Tuch abdecken. Der Reis kann nun geformt und mit Fischscheiben belegt auf einem Holzbrettchen angerichtet werden.

29

Café à la mode

Martina Vogl
im Das Voglhaus Café und Kaufhaus in Konstanz

Adresse
Das Voglhaus Café und Kaufhaus
Wessenbergstraße 8
78462 Konstanz
Telefon +49 (0) 7531 1 72 02
kunde@das-voglhaus.de
www.das-voglhaus.de

Öffnungszeiten
Mo–Sa 9–18.30 Uhr
So 11–18 Uhr
Kaufhaus:
Di–Fr 10–18.30 Uhr
Sa 10–17 Uhr

Anfahrt
Das Voglhaus liegt in der Fußgängerzone von Konstanz – mit Blickkontakt zum Stephansplatz mit Parkmöglichkeiten.

Turbulent wie in einem richtigen Vogelhaus geht es in Martinas Voglhaus im kleinen Konstanzer Altstadtgebäude zu. Am besten, man vergisst, wie andere Cafés sind, bevor man es betritt ...

Im Voglhaus ist eigentlich alles anders als anderswo. Martina Vogl, Namensgeberin, Erfinderin und vor allem energiegeladener Motor von Kaufhaus und Café, hat im Herzen von Konstanz eine Einkaufs- und Genussecke gestaltet, in der Nachhaltigkeit kein leeres Wort ist. Für diese Haltung hat sie die Goldene Palme des Leaders Club (ein Verbund führender Gastronomen) bekommen. »Gastronomie mit geistigem Tiefgang«, lautete die Begründung der Jury.

Im Voglhaus wird nichts serviert. Die Gäste lesen von der Speise- und Getränkekarte, die an der Wand hinter der Theke hängt, ab, was sie bestellen möchten, suchen sich dann einen Platz und genießen die Zeit. »Bei uns muss keiner warten, bis die Bedienung zum Kassieren kommt«, sagt Martina Vogl, »bei uns gehört die Zeit dem Kunden.« Da bilden sich an manchen Tagen zwar Schlangen, die Leute ertragen das aber mit viel Vorfreude auf die kommenden Genüsse. Ein Highlight ist der hier ausgeschenkte Kaffee, der extra für das Voglhaus von einer kleinen Rösterei hergestellt wird, abgestimmt auf Bodenseewasser, Klima und Kaffeemaschinen.

Ins Voglhaus geht man auch, um sich neu einzukleiden. Kleidung, Schuhe, Handtaschen und Accessoires gibt es im »kleinsten Kaufhaus der Welt«. Ja, das Voglhaus besteht aus zwei Räumen, dem Café und dem Kaufhaus. Aber selbstredend zischt auch im Kaufhaus eine Kaffeemaschine, und es stehen ein paar kleine Tischchen nah beim Kamin. »Um die kloppen sich die Leute manchmal«, erzählt Martina Vogl schmunzelnd. Die Idee hat viele Vorteile: Die Männer können ein Bierchen trinken, während sich die Damen, bestens beraten, in der Umkleidekabine aufhalten. Als die

Ins Voglhaus geht man zu Fuß. Die Speise- und Getränkekarten präsentieren sich in Form von schwarzen Tafeln – außen wie innen hinter der Theke.

Die Lampen im Café sind Wechselstücke – man kann sie kaufen. Sind sie weg, hängt das Voglhausteam einfach neue auf. Im »kleinsten Kaufhaus der Welt« nebenan finden ausgewählte Produkte von hoher Qualität Käufer.

Chefin mit der Idee ihres Kaufhauses zunächst ihre Mitarbeiterinnen und Mitarbeiter und dann ihre Freunde konfrontierte, hielt man sie für ein klein wenig verrückt. »Du spinnst«, sagten sie. Und sie nahm sich vor, den »Laden« gleich wieder zuzumachen, sobald der erste Kunde das Kaufhaus betreten und sie auslachen würde. Es kam anders. Die ersten Kunden waren ein älteres Ehepaar, das sich mit einem Cappuccino ans Kaminfeuer setzte und genau das tat, was sich Martina Vogl zuvor vorgestellt hatte. Sie überlegten in Ruhe, ob und was sie kaufen wollten.

Zunächst gab es nur Wohnaccessoires. Mit der Zeit kamen Tees, Kaffees, Öle und Gewürze dazu, dann etwas Kosmetik und schließlich die Mode, alles sorgfältig und mit Bedacht ausgewählt. 2005 wurde aus dem Body Shop nebenan, Martina Vogls erstem Geschäft in Konstanz, das Café mit seinen 60 Sitzplätzen drinnen und 40 im Außenbereich.

In dem Altstadthaus ist alles ein bisschen eng und klein, so auch die Küche, die Snacks und Gerichte liefert, und die Backstube im ersten Obergeschoss. Dort entstehen leckere Kuchen und Gebäcke. Martina Vogls Sinn fürs Praktische macht aber aus jedem Nachteil schnell einen Vorteil. Das Café ist so eingerichtet, dass man gemeinsam an einem langen Tisch sitzt oder schön nebeneinander auf den Stufen vor einer Wand und sich einen kleinen Kubus aus Holz als Tischchen dazunimmt. Für Neugierige gibt es im Schaufenster zwei gemütliche Ecken mit großen Sitzkissen.

Weil im Voglhaus sowieso vieles etwas anders ist, wundert es auch nicht, dass man Lampen, Kissen und Dekoartikel aus dem Café auch kaufen kann. Wo man eh schon halb im Kaufhaus ist. »Eigentlich ist es logistischer Wahnsinn, was wir hier machen«, sagt Martina, »meine gut motivierten Mitarbeiter kriegen das aber hin.« Und wenn sie mit dem Bollerwagen Ware vom Lager durch die Straßen der Altstadt herschaffen müssen, dann tun sie es.

Im Voglhaus arbeiten Teilzeit- und Vollzeitangestellte neben Studenten und Aushilfen. Das klappt auch deswegen so gut, weil die Wirtin eine tolle Motivatorin ist, ihren Leuten Yogakurse finanziert, sie in der monatlich stattfindenden Vollversammlung weiterbildet und dabei auch selbst bekocht, mit ihnen ins Theater geht und sie zum Essen einlädt. Ihr Enthusiasmus ist höchst ansteckend,

Sitzmöglichkeiten für die Gäste gibt es am langen Tisch und auf den Stufen. Das ist genauso kommunikativ wie gemütlich.

sie ist in allem, was sie tut, professionell und überzeugend. »Man muss keinen Trends hinterherlaufen, es genügt, den Kunden eine Vorgabe zu machen, die sie annehmen können«, erklärt Martina Vogl. Zum Beispiel, so sagt sie, kann man Kleidung nicht völlig nachhaltig herstellen. »Aber man kann sie tragen, bis sie auseinanderfällt. Das ist nachhaltig. Dafür bedarf es aber einer sehr guten Qualität – und wir bieten nur sehr gute Qualtiät an.«

Im Voglhaus brummt stets das pralle Leben. Eigentlich ist es immer voll. Und während die einen noch Zeitung lesen und einen Kaffee schlürfen, essen die anderen ein feines Sandwich – mit veganer Mayonnaise angereichert – und wieder andere stöbern in den Regalen nach Dingen, die sie unbedingt haben möchten, während der Milchschäumer zischt und vielstimmiges Geplauder zum Grundtenor gehört. In dieser Mischung fühlt sich Martina Vogl, studierte Slawistin, die das Kultusministerium mit der Abschaffung des russischen Sprachunterrichts in die Selbstständigkeit getrieben hat, wohl. In abendlichen Veranstaltungen beweist sie zudem, dass Kultur- und Wissensvermittlung nicht immer in den Elfenbeintürmen der Universitäten stattfinden muss. Die Reihe »Ausgesprochen Wissenschaft« bringt Forschung ins Gespräch, und die Musikabende sind ein Renner. Auf Schritt und Tritt begegnet man humorvollen Wortspielereien und »Haikus« – ja, es ist eben einiges anders im Voglhaus.

Lasst uns die Uhren
Schminken, dass
Die Zeit schöner wird.

Der Voglhaus® Kaffeesatz Nr. 108
Autor: Gerhard Zahner, Konstanz

Ausflugstipp: Insel Mainau

Zur Blumeninsel Mainau im Bodensee ist es von Konstanz nicht weit. Im Jahr 724 gründete der Wanderbischof Pirmin hier ein Benediktinerkloster, und 1272 wurde zum ersten Mal die Burg erwähnt. Heute heißen Graf Börn und Gräfin Bettina Bernadotte, die im Schloss leben, die Besucher willkommen. Gräfin Bettina Bernadotte kommt gerne ins Voglhaus und bestellt sich ein Stück Zitronenkuchen. Sie liebt ihn. Die Insel lockt mit unzähligen saisonalen Angeboten, Ausstellungen, wunderschönen Gärten, Treibhäusern und dem prächtigen Schloss mit Kirche im süddeutschen Barock jährlich unzählige Besucher an. Besondes beliebt und informativ sind die das ganze Jahr über angebotenen Seminare, wie Orchideenpraktikum, Blumenschauen, Fotokurse, und das Inselfest im Sommer. Entdecken lässt sich die spannende Geschichte der Insel hautnah. Die weltberühmten Rosen-, Tulpen- und Dahlienfelder suchen ihresgleichen.
Informationen: www.mainau.de

Gelbes Gemüsecurry

Für 6 Personen
850 g Basmatireis | 215 g ungesalzene Cashewkerne | 1 kleiner Fenchel | 4 Karotten | je 1 rote und gelbe Paprikaschote | 1 Brokkoli | 2 kleine Zucchini | 200 g Steinchampignons
Für die Sauce: 170 g gelbe Currypaste | 1,2 l Kokosmilch | 10 g vegetarische Streuwürze | 8 ½ Kaffirlimettenblätter
Zum Dekorieren: einige Korianderblätter

- Den Reis im elektrischen Reiskocher weich kochen. Warm halten.
- Den Backofen auf 180 °C vorheizen. Die Cashewkerne auf einem Blech im heißen Ofen goldbraun rösten. Herausnehmen und beiseitestellen.

■ Fenchel, Karotten, Paprikaschoten waschen und putzen bzw. schälen. Von den Paprikaschoten die Scheidewände und die Kerne entfernen. Den Brokkoli waschen und in Röschen zerteilen, diese nochmals in Hälften. Die Zucchini waschen und putzen.
■ Den Fenchel und die Karotten in feine Scheiben und die Paprikaschoten in schmale Streifen schneiden. Die Zucchini in Scheiben schneiden.
■ Die Champignons putzen (nicht waschen!), halbieren und in ½ cm dicke Scheiben schneiden.
■ Fenchel, Karotten und Brokkoli in reichlich Salzwasser 1 Minute blanchieren.
■ Champignons, Zucchini und Paprikaschoten bleiben roh.
■ Für die Sauce die Currypaste in einem Wok anrösten. Die Kokosmilch hinzufügen und aufkochen lassen. Mit dem Pürierstab mixen. Mit der Streuwürze würzen. Die Limettenblätter hinzufügen. Das Gemüse hinzufügen und bei leichter Hitze ziehen lassen.
■ Das Curry auf dem Teller anrichten und mit den Cashewkernen und den Korianderblättern dekorieren.
■ Den Reis getrennt dazu reichen.

Mozzarella-Brutzelbrot

Für 2 Personen
4 Scheiben Brot | 8 TL grünes Pesto | 4 Handvoll Rucola | Crema di Balsamico | 2–3 Tomatenscheiben | Tomatengewürz | 2–3 Scheiben Mozzarella

■ Zwei Brotscheiben mit dem Pesto bestreichen und mit Rucola bedecken. Crema di Balsamico großzügig darübergeben. Die Tomatenscheiben darauflegen und mit dem Tomatengewürz bestreuen. Die Mozzarellascheiben darauflegen und mit den restlichen Brotscheiben bedecken. Von beiden Seiten grillen. Die Brote auseinanderschneiden und servieren.

30

Walnussgeist, Wein und Speis

Margot und Stefanie Weber im Weingut und Restaurant Weber in Ettenheim

Adresse
Weingut und Restaurant Weber
Im Offental 1
77955 Ettenheim
Telefon +49 (0) 7822 89 48 0
info@restaurant-weber.de
www.weingut-weber.de

Öffnungszeiten Restaurant
Mi–So 11.30–14 Uhr und ab 17.30 Uhr; Mo und Di Ruhetag, außer an Feiertagen

Anfahrt
A 5 von Freiburg: Ausfahrt Freiburg Nord, B3 Richtung Emmendingen und weiter Richtung Lahr bis kurz vor Ettenheim, rechts zum Weingut abbiegen. A 5 von Karlsruhe: Ausfahrt Lahr, B36 bis Lahr, dann rechts auf die B3 Richtung Ettenheim. Nach dem Ort links zum Weingut abbiegen.

Am Kaiserberg kehrt gerne ein, wer einmal hier war. Einerlei, ob zum Vesper oder zur Hochzeit, zum Feiern oder um einfach gut zu essen. Margot und Stefanie Weber sind Gastgeberinnen aus Leidenschaft – mit ausgeprägtem Familiensinn.

Das Weingut und Restaurant Weber füllt den Begriff »Familienbetrieb« mit Leben. 1976 hat die Familie Weber begonnen, ihr Weingut am Kaiserberg vor den Toren Ettenheims aufzubauen und den Betrieb 1984 mit einer Straußwirtschaft ergänzt. Wirtin war darin Mutter Margot, zumeist allein und ohne Unterstützung. Ihr Mann hat sich den Reben und der Kellerarbeit angenommen. Sohn Michael, Winzer von Beruf, hat diese Aufgabe nun übernommen und mit einem ultramodernen Neubau sogleich einen spannenden Neuanfang gemacht. Tochter Angelika wirkt – eher im Hintergrund – als administrative Allrounderin. Ihre Schwester Stefanie, Küchenmeisterin und Restaurantfachfrau mit Ausbildung in der Sternegastronomie, übernahm nach ein paar Wanderjahren das Küchenregime von der Mutter. Fünf kleine Kinder, Enkel der Gründergeneration, wachsen derzeit hier auf. »Uns hat nie etwas gefehlt auf dem Hof, es war immer jemand für uns da«, sagt Stefanie Weber über ihre eigene Kindheit, »heute sind Mama und Papa unsere Joker. Sie übernehmen sowohl die Kinderbetreuung als auch sämtliche anfallenden Arbeiten, sei es in den Reben, im Keller oder Restaurant.«

»Ich musste als eingeheiratete Städterin einiges leisten, um hier akzeptiert zu werden«, erzählt Mutter Margot Weber. Sie hat sich – pragmatisch, lernfreudig und mit unendlicher Schaffenskraft ausgestattet – ihren Platz erarbeitet. Heute werkelt sie in der Küche, wenn ein traditionelles Gericht, zum Beispiel Kutteln, bestellt

Hinter dem Eingangstor zum Weingut Weber liegt der imposante Walnusshain.

Im Gastraum steht eine alte Obstpresse neben allerlei von Margot Weber zusammengetragenen antiken Stücken. Das sorgt für eine urig-gemütliche Atmosphäre.

wird. Oder sie stellt sich abends mit ihrem Mann hinter die Theke und hilft. »Es wäre nicht gut, wenn wir nicht mehr mithelfen könnten«, sagt die Seniorchefin. Und sie fügt hinzu: »Wir haben unseren Kindern immer die Möglichkeit gegeben, alles zu machen, wozu sie Lust hatten, sowohl beruflich als auch später, als sie begannen, hier zu arbeiten.«

Das Restaurant Weber hat drei fest Angestellte und eine Teilzeitmitarbeiterin im Service, zwei Azubis und zwei Köche. Im Weingut kommen noch ein paar Angestellte hinzu. Mittags Punkt halb eins essen alle zusammen. Wie das halt in einer großen Familie üblich ist. Diesen Umstand betrachten die Webers als ihre Stärke. »Wir erfüllen gerne alle Wünsche: Jedes Kind bekommt seinen Kinderstuhl, der Hund den Hundenapf und jeder Gast unsere volle Aufmerksamkeit«, erklärt die junge Küchenchefin.

Das Gesamtpaket aus Weingut und Restaurant inmitten der prächtigen Weinberge und der schönen Sicht über die Rheinebene bis hin zu den Vogesen im nahen Elsass ist »eine Art Erlebnisgastronomie«, wie Stefanie Weber sagt. Die Gäste kommen zum Hochzeitfeiern genauso hierher, wie sie sich nach einer Wanderung stärken möchten oder ein Geschäftsessen anberaumt haben. Die Küche des Restaurants lädt immer wieder ein, die Auffahrt entlang des imposanten Walnusshains zu nehmen. Mittags gibt es eine Tagesempfehlung und Gerichte à la carte. Abends wählt man zwischen einzelnen Gängen und Menüs, wobei eins ein Überraschungsmenü ist und ein anderes ein vegetarisches. Regionale, ehrliche Küche wollen die Webers anbieten. Sie nehmen sich dabei allerdings immer wieder einige Freiheiten heraus. Findet Stefanie Weber beim Einkaufen zum Beispiel schöne frische Jakobsmuscheln, dann setzt sie diese auf die Karte. Auf »Webers Probierteller« bekommt man eine tolle Auswahl an Vorspeisen, alle liebevoll in Häppchen angerichtet. Salate und Rohkost gibt es genauso wie geschmorte Gerichte. »Das gehört einfach hier in die Gegend«, sagt Stefanie Weber. Auch auf Fisch und modern interpretierte badische Gerichte muss hier niemand verzichten. Ausgeschenkt werden ausschließlich Sekte, Weine und Brände aus dem eigenen Betrieb. Das Sortiment mit 40 unterschiedlichen Weinen ist so umfangreich, dass es ein Leichtes ist, zu jedem Gericht einen passenden Tropfen zu finden. Den krönenden Abschluss bilden die Mini-Desserts. Dieser wahrlich feinen Auswahl an kleinen Leckerbissen – auf einer Tafel angepriesen – kann man einfach nicht widerstehen.

Webers sind stolze Besitzer der größten privaten Walnussplantage Südbadens. Die imposanten Bäume liefern nicht nur eine eindrückliche Kulisse, sie sind auch die Grundlage für das eine oder andere Mitbringsel für zu Hause. »Schwarze Nüsse« kocht Margot Weber ein, eine rare Spezialität, auch »Trüffel Badens« genannt. Sie brennt – das hat sie immer schon gemacht – neben anderen Spezialitäten Walnussgeist und setzt Johanni-Walnussgeist, einen Magenbitter, an und sorgt dafür, dass das von ihr stets frisch gebackene Brot auch gesunde und feine Walnüsse enthält.

Vor der großen Terrasse liegen die Walnussplantage und die Oberrheinebene. Dahinter schweift der Blick bis zu den Vogesen – natürlich beschattet von einem großen Walnussbaum. Den Mini-Desserts sollte man nicht widerstehen.

Ausflugstipp: Weinwanderweg

Ettenheim liegt am Kaiserberg, dessen Reblandschaft über idyllische Hohlwege, Panoramawege, Terrassen und Gassen verbunden ist. Die Reben der Gemeinden Ettenheim, Ringsheim und Herbolzheim lassen sich erwandern, mit spektakulärer Fernsicht bis zum Straßburger Münster. Ein Weinlehrpfad führt durch den Rebsortengarten mit rund 80 verschiedenen Sorten. Das jährliche Kaiserbergfest am 3. Oktober ist ein großes gemeinsames Weinfest der Anliegergemeinden.
Informationen: www.ettenheim.de

Lachsfilet unter der Kürbiskruste mit feinem Gemüse und Risotto

Das selbst gebackene Brot reichen die Webers mit Fleur de Sel, Butter und Kräuterquark.

Für 4 Personen

Für den Lachs: 4 Lachsfilets ohne Haut à 170 g | Salz | schwarzer Pfeffer aus der Mühle | 2 EL Zitronensaft | Mehl | 2 EL Olivenöl

Für die Kürbiskruste: 2 EL Kürbiskerne | 60 g weiche Butter | 1 Eigelb | Salz | schwarzer Pfeffer aus der Mühle | 1 EL Zitronensaft | 1 EL Kürbiskernöl | 1–3 EL Weißbrotkrumen

Für das Gemüse: 500 g Gemüse, gemischt, z. B. Fenchel, Karotten, Kürbis, alles, was der Garten/Markt bereithält | 1 EL Butter | Salz | schwarzer Pfeffer aus der Mühle | frisch geriebene Muskatnuss

Für den Risotto: 1 Zwiebel | 1 EL Pflanzenöl | 200 g Risottoreis | 200 ml Weißwein | 500 ml heiße Gemüsebrühe | 1 EL kalte Butter | 2 EL frisch geriebener Parmesan | Salz | schwarzer Pfeffer aus der Mühle | 1 EL Schnittlauchröllchen | 1 EL Petersilie, fein gehackt

Für die Rieslingsauce: 1 kleine Fenchelknolle | 1 Zwiebel | 1 EL Pflanzenöl | 125 ml Riesling | 1 Lorbeerblatt | 300 ml kräftiger Fischfond | 125 g Sahne | Salz | schwarzer Pfeffer aus der Mühle | Saft 1 Zitrone | 50 ml Noilly Prat | 1 EL kalte Butter

■ Die Lachsfilets mit Salz, Pfeffer und dem Zitronensaft würzen. Mit etwas Mehl bestäuben.

■ Den Backofen auf 160 °C vorheizen.

■ Das Olivenöl in einer Pfanne erhitzen und die Lachsfilets jeweils von beiden Seiten kurz anbraten.

■ Für die Kürbiskruste die Kürbiskerne ohne Fett rösten und fein hacken. Die Butter mit dem Eigelb schaumig schlagen und mit Salz, Pfeffer und dem Zitronensaft würzen. Das Kürbiskernöl zufügen und die Kürbiskerne unterheben. Die Masse in Klarsichtfolie einrollen und kalt stellen.

■ Das Gemüse waschen, putzen, ggf. schälen und klein schneiden. Im Dampfkochtopf bissfest garen.

■ Zum Anrichten die Butter in einer großen Pfanne zerlassen und das Gemüse glacieren. Mit Salz, Pfeffer und Muskat würzen.

■ Für den Risotto die Zwiebel schälen und fein hacken. Das Öl erhitzen und die Zwiebeln glasig anschwitzen. Den Reis hinzufügen und ebenfalls glasig anschwitzen. Mit Weißwein ablöschen. Nach und nach und unter ständigem Rühren die Brühe schöpf-

löffelweise angießen – so lange, bis die Brühe vom Reis vollständig aufgenommen wurde. Das dauert etwa 20 Minuten.

■ Anschließend die kalte Butter und den Parmesan einrühren und mit Salz und Pfeffer würzen. Mit den Kräutern vermengen.

■ Für die Sauce den Fenchel waschen und in kleine Würfel schneiden. Die Zwiebel schälen und fein hacken.

■ Das Öl in einer Pfanne erhitzen und den Fenchel sowie die Zwiebel anschwitzen. Mit dem Riesling ablöschen und das Lorbeerblatt einlegen. Das Ganze köcheln lassen, bis der Wein eingekocht ist. Den Fischfond angießen, zum Kochen bringen und die Flüssigkeit um ein Drittel reduzieren.

■ Die Sahne angießen und aufkochen lassen. Mit Salz, Pfeffer, Zitronensaft und Noilly Prat würzen.

■ Vor dem Servieren die Sauce nochmals zum Kochen bringen und mit der kalten Butter binden.

■ Die Lachsfilets mit der Kürbiskruste einstreichen und im heißen Ofen 3 Minuten garen.

Anhang

Rezeptregister

Alblinsenofenschlupfer
mit Ziegenmaultäschle 127
Apfel-Zwiebel-»Waihe« 43
Bavette in Trüffelbutter 70
Carpaccio vom Thunfisch 24
Croustillade von der Jakobsmuschel,
Gambas in Currykruste,
Basilikumrisotto und Safransauce 132
Filet vom Loup de Mer mit Fenchel
und Karotten-Ingwer-Emulsion 111
Flusskrebssalat mit Orange und Radicchio 53
Frankfurter Kranz 145
Gemüsecurry 166
Gemüsepfannkuchen 42
Hechtklößchen in Rieslingsauce 137
Honigparfait auf Himbeerspiegel 19
Kalbsleber, zarte,
mit feinen Calvados-Äpfelchen 150
Kirschkuchen mit Streusel 144
Kohlrabiquiche 58
Kürbis-Fisch-Suppe mit Feta 31
Kürbissuppe 49
Lachs aus dem Smoker mit Senf-Dill-Sauce 18
Lachsfilet unter der Kürbiskruste
mit feinem Gemüse und Risotto 172
Lachsforelle, mit Kräutern gefüllte 90
Lammkarree auf Ratatouille
mit Rosmarinkartoffeln 117
Lammsuppe mit Zitrone 30
Linsen mit Spätzle und Saiten 75
Linsensalat von Alblinsen
mit Jakobsmuscheln 91
Mädesüßgelee 100
Martha's Spezial 106
Mozzarella-Brutzelbrot 167
Pastrami-Sandwich mit Bauernbrot 107
Popeye-Burger 80
Rehrücken mit Schmorwirsing und Knöpfle 13
Rinderrouladen, herzhafte 64
Rosa gebratene Entenbrust an Feldsalat 24
Rote-Bete-Carpaccio
mit Rucoladressing und Ziegenfrischkäse 116
Sauerbraten und Kartoffelknödel 156
Schneckenpfännle, badisches 12
Schokoküchlein, flüssige 123
Schokoladenkuchen, warmer 71
Schrotbrötchen 90
Schwarzwälder Kirschtorte 58
Sommerreh 151
Spaghetti mediterran 23
Sushireis 161
Tagliatelle mit Wildbolognese und Feldsalat 122
Wels, gebratener
mit Kräuterseitlingen und Graupenrisotto 139
Wildschweinbraten mit Serviettenkloß 101
Ziegenkäse, gratinierter,
mit bunten Blattsalaten 48
Zweierlei vom Hohenloher Rind 36
Zweierlei vom Irischen Prime Beef
mit Artischockenvinaigrette 131
Zwetschgenkuchen 65

In der Reihe bereits erschienen:

ISBN 978-3-7750-0621-7

ISBN 978-3-7750-0648-4

ISBN 978-3-7750-0649-1

ISBN 978-3-7750-0504-3

Neue Rezeptideen und weitere Infos rund um unser Buchprogramm finden Sie unter *www.haedecke-verlag.de* und *www.mizzis-kuechenblock.de*.

Die Autorin und Fotografin

Die Autorin und Grafikerin Regula Wolf stammt aus der Schweiz und lebt seit ein paar Jahren in Freiburg im Breisgau. Sie war viele Jahre als Art Director und als Creative Director bei diversen Zeitungen tätig. Seit 2009 ist sie Mitherausgeberin und Verlegerin der Foodzeitschrift »ZuGast«, hat mehrere Kochbücher konzipiert und verfasst und bloggt zum Thema Kochbücher. Sie erstellt CI für diverse Unternehmen, konzipiert Webseiten und fotografiert.
www.zugast.tv
www.löffelstiel.eu

Die Herausgeberin

Ria Lottermoser lebt bei München und arbeitet nach jahrzehntelanger Tätigkeit als Lektorin, Cheflektorin und Verlagsleiterin in renommierten Verlagen als freie Büchermacherin. Ihr besonderes Anliegen gilt kulinarischen Themen.

Dank

Viele Menschen haben wertvolle Tipps und gute Vorschläge für die für dieses Buch vorgenommene Auswahl geliefert, ohne die diese Vielfalt nicht möglich gewesen wäre. Sie alle namentlich zu erwähnen, würde den Rahmen dieses Textes bei Weitem übersteigen. Mein herzlichster Dank geht an sie. Und er geht an die Frauen, die mich an ihrem Leben so offen und herzlich haben teilhaben lassen.
Regula Wolf

Bildnachweis:
Europäischer Hof 32–35
Silvia Kind 21, 23
Hotel Lauterbad 83–85
Weingut und Gästehaus Lutz 93, 94
Rübenacker's Restaurant 129
Café & Restaurant Tatami 161
Annette Weiske 163–165
iStock/itakefotos4u Einbandrückseite unten

ISBN 978-3-7750-0669-9

Lektorat: Ria Lottermoser
Visuelle Gesamtkonzeption:
www.buero-jorge-schmidt.de
Fotografie, Layout und Satz: Regula Wolf
Kartografie: Fotolia
Printed in EU 2014